Cómo OÍR A DIOS

MANUAL DE ESTUDIO

APRENDE A CONOCER SU VOZ
Y TOMAR LAS DECISIONES CORRECTAS

JOYCE MEYER

CASA CREACIÓN
A STRANG COMPANY

Cómo oír a Dios—Manual de estudio por Joyce Meyer
Publicado por Casa Creación
Una parte de Strang Communications Company
600 Rinehart Road
Lake Mary, Florida 32746
www.casacreacion.com

A menos que se indique lo contrario, todos los textos bíblicos
han sido tomados de la versión Reina-Valera, de la *Santa Biblia*,
revisión 1960. Usado con permiso.

También se han usado las siguientes versiones: *La Biblia de
las Américas* (LBLA), © 1986, por The Lockman Foundation;
y *Nueva Versión Internacional* (NVI) © 1999 por la Sociedad
Bíblica Internacional. Usadas con permiso.

Este libro fue publicado originalmente en inglés con el título:
How to Hear From God Study Guide,
Copyright © 2004 por Joyce Meyer, por Warner Faith,
una división de Time Warner Book Group.
This edition published by arrangement with Warner Books, Inc.,
New York, New York, USA. All rights reserved.

Traducido y editado por Belmonte Traductores
Diseño interior por: Hilda M. Robles

Library of Congress Control Number: 2006933041

ISBN: 1-59979-034-3

Impreso en los Estados Unidos de América

06 07 08 09 10 • 9 8 7 6 5 4 3 2 1

CONTENIDO

INTRODUCCIÓN

=

¡Aprender a oír la voz de Dios y a ser dirigidos por su Espíritu Santo cada día es realmente apasionante! Dios quiere hablarnos del plan que tiene para nuestras vidas. El suyo es un buen plan, pero corremos el peligro de pasarlo por alto si no aprendemos a escuchar y obedecer la voz de Dios.

Jesús les dijo a sus discípulos que les enviaría el Espíritu Santo para que morase en ellos y fuese su Consejero y Ayudador. Dijo que el Espíritu Santo les enseñaría todas las cosas y les traería a la memoria las cosas que Él les había enseñado. El Espíritu Santo es el Espíritu de Verdad: Él guía a los hijos de Dios a la verdad, y no al error (ver Juan 14:26).

Dios nos habla de muchas maneras, las cuales incluyen las siguientes, pero sin limitarse a ellas: su Palabra, la naturaleza, las personas, las circunstancias, la paz, la sabiduría, la intervención sobrenatural, sueños y visiones, y lo que llamamos el testigo interior. A este último se lo describe como una "intuición" en lo profundo de nuestro ser. Yo creo que es también "el silbo suave y apacible" que se describe en 1 Reyes 19:12.

Dios también nos habla por medio de nuestra conciencia y de nuestros deseos; y, a veces, nos habla con una voz audible, aunque para la mayoría de nosotros esto resulta raro, y para muchos de nosotros es inexistente.

¿Cómo podemos saber que es Dios quien nos está hablando? Suceden tres cosas:

1. Somos llenos de fe en que Dios va a hacer algo maravilloso en nuestra vida; puede que no entendamos plenamente lo que es ese "algo", pero somos llenos de sentimientos simultáneos de expectación y de gratitud.
2. Tenemos una nueva conciencia de la presencia de Dios con nosotros.
3. Somos guiados a un nuevo nivel en nuestra relación con Dios.

¡Esos tres resultados de "oír a Dios" son maravillosos!

¿Cuál debería ser nuestra oración? Sugiero algo parecido a esto:

Dios, abre mis oídos y santifícalos para hacerlos sensibles a tu voz. No permitas que me distraigan los deseos carnales que me impiden oír de ti. Ayúdame a escuchar y a aprender a amar los momentos en que estoy a solas contigo. No dejes que esté tan ocupado o que viva una vida tan "ruidosa" que ahogue lo que tú deseas decirme. Amén.

Oír a Dios nos conduce al lugar donde nuestros pasos son verdaderamente ordenados por el Señor (ver Salmo 37:23). Él nos dirige, y a medida que seguimos su voz, experimentamos el placer de vivir una vida guiada por el Espíritu: ¡la vida más satisfactoria y con sentido que una persona pueda posiblemente llevar! También vivimos con una mayor libertad del engañador que intenta desviarnos del camino. Tenemos más enfoque y más gozo.

No hay sustituto alguno para oír la voz de Dios... y después obedecerla.

CÓMO UTILIZAR ESTE MANUAL DE ESTUDIO

El propósito de este manual es reforzar los principios enseñados en mi libro *Cómo oír a Dios*. Deberías tener un ejemplar de *Cómo oír a Dios* y también una Biblia para trabajar con este manual.

Este manual de estudio está escrito en formato de preguntas y respuestas. La siguiente es la manera de sacar el mayor partido a este libro:

Primer paso: Buscar el capítulo correspondiente en *Cómo oír a Dios* y leerlo.

Segundo paso: Buscar en la Biblia los pasajes designados en el manual de estudio y leerlos. Este es un paso importante porque esos pasajes son la base de la enseñanza de ese capítulo en particular.

Tercer paso: Responder las preguntas en el manual de estudio consultando el material en *Cómo oír a Dios* y en la Biblia. Cuando hayas terminado de responder las preguntas en cada capítulo, acude a las respuestas que se encuentran en la parte final del libro para comprobar tus respuestas.

Te aliento a que:

* *Trabajes a un ritmo cómodo.* No te apresures para terminar rápidamente. Permanece en cada capítulo hasta que obtengas un profundo entendimiento del material y de la manera en que se relaciona con tu vida.
* *Sigas los tres pasos anteriores con cada capítulo en este manual de estudio.* He tratado de componer todo para que resulte lo más fácil posible, ¡pero el resto te corresponde a ti!
* *Uses este manual para tu estudio individual o para el estudio en grupo.* Es probable que en una discusión en grupo aprendas nuevas maneras de aplicar los principios del libro: a otros se les habrán ocurrido ideas que no se te hayan ocurrido a ti. Debes estar abierto a aprender de otros y de obtener sabiduría de ellos.
* *Trabajes coherentemente y de manera continuada en este libro hasta que hayas completado el manual de estudio.* Los conceptos tienden a edificarse sobre conceptos, y obtendrás mucho más de un estudio coherente y detallado, en contraste con agarrar el material y luego dejarlo durante largos periodos de tiempo, o intercalarlo con otra información.

LEE TU BIBLIA CADA DÍA

Te aliento encarecidamente a que dediques tiempo cada día a leer la Palabra. Puede que te guste cierto plan de lectura. Una de las razones por la cual me gusta leer la *Amplified Bible* es que explica el significado de palabras importantes. También es bueno leer varias versiones de la Biblia para obtener una nueva perspectiva. Hay disponibles maravillosos libros de referencia que proporcionan un trasfondo histórico de la Palabra y de las implicaciones culturales del periodo de la historia en que se escribieron las Escrituras. Lo importante es sencillamente leer. Dios puede dar vida a las respuestas que están ocultas en las páginas de su Palabra escrita para cualquier prueba que puedas afrontar.

TUS ORACIONES PERSONALES

Al final de cada capítulo encontrarás la oportunidad de escribir una oración. Creo firmemente en la oración "espontánea": ¡en cualquier momento, en cualquier lugar, para cualquier propósito! Sin embargo, también existe una ventaja al escribir personalmente una oración al Señor. Escribir una oración te ayuda a enfocarte en lo que realmente deseas que Dios haga por ti; te ayuda a aclarar tus propios pensamientos, sentimientos y necesidades.

OÍDOS ABIERTOS CADA DÍA

A medida que lleves a cabo tus rutinas diarias en la vida, te aliento a que centres tu mente conscientemente en varios conceptos que vayas encontrando en el libro *Cómo oír a Dios* y en este manual de estudio. Medita en esos conceptos. Pide a Dios que te muestre cómo aplicar esos conceptos a las circunstancias particulares, relaciones, eventos y actividades de tu vida personal.

Abrir tus oídos para oír a Dios es un proceso que puede tomar tiempo. Con mucha frecuencia permitimos que el pensamiento negativo, las falsas conclusiones, las mentiras y las percepciones carnales ensombrezcan nuestra capacidad de oír a Dios con claridad. El proceso de oír es un proceso de renovación. Cuanto más camines en ese proceso, mayor será tu capacidad de oír a Dios.

1. Lee Juan 14:26, Juan 15:26 y Juan 16:7-11.

    a. ¿A quién representa el Espíritu Santo? ¿De quién testifica el Espíritu Santo? *representa el Padre, Dios*

    b. ¿Qué dijo Jesús que el Espíritu Santo enseñaría a sus discípulos? *El dara testimonio de mi*

    c. ¿Qué dijo Jesús que el Espíritu Santo ayudaría a sus discípulos a recordar? _____

    d. ¿Qué dijo Jesús que el Espíritu Santo haría al mundo?
    _____
    _____
    _____

2. Lee 1 Reyes 19:12.

    ¿Qué palabras se utilizan en este versículo para describir la voz de Dios? *yo te he ungido por rey sobre Israel*

3. Lee Salmos 37:23-24 e Isaías 26:7.

    ¿Cuál es la promesa de Dios a los que oímos prestamos atención a la voz del Señor? *Pn Jehová son ordenados los pasos del hombre. Cuando el cayere no quedará postrado, porque Jeová lo sostiene su mano. El camino del justo es rectitud, tu que eres recto, pesas el camino del justo*

PRIMERA PARTE

Aprende a escuchar

"Mirad, pues, como oís; porque a todo el que tiene, se le dará; y a todo el que no tiene, aun lo que piensa tener se le quitará."

—JESÚS, EN LUCAS 8:18

1
Dios nos habla todos los días

Lee el Capítulo 1 de *Cómo oír a Dios*. Luego lee en tu Biblia los pasajes designados a continuación y responde las preguntas que siguen. Cuando hayas terminado, comprueba tus respuestas en la tabla de respuestas que está en la parte final de este libro.

¿A QUIÉN HABLA DIOS... Y CÓMO?

Dios ha hablado a *todas* las personas en sus conciencias internas, por medio de la creación del mundo natural y por medio de haber creado en el hombre un vacío interior que solamente Dios puede llenar.

1. Lee Romanos 1:19-21.
    a. ¿A qué parte de una persona se hace Dios evidente?
    CORAZON

    b. ¿Qué revela Dios acerca de sí mismo a toda la humanidad por medio de su creación? _____

    c. ¿Qué sucede cuando la gente no honra ni glorifica a Dios, aun cuando sabe que Él es Dios y le reconoce como tal?

2. Lee Romanos 14:12.
    ¿Qué se requiere de cada uno de nosotros? *Cada uno*
    de nosotros dara a Dios cuenta de si

3. Lee Isaías 26:8-9.

a. ¿Cuál es el deseo de nuestro corazón? _____

_____

b. ¿A quién desea nuestra alma? *ol Espirtu*

_____

c. ¿Qué busca nuestro espíritu? _____

_____

_____

¿QUÉ DICE DIOS A TODOS LOS HOMBRES Y MUJERES?

Dios habla a los hombres y las mujeres con propósitos muy concretos; les habla a fin de que puedan saber lo que permanece y lo que no, y que puedan llevar a cabo su voluntad y puedan vivir para siempre, y así Él pueda dirigir sus pasos cada día.

4. Lee 1 Juan 2:17.
    a. ¿Qué pasa y desaparece?_____

    _____

    b. ¿Qué permanece para siempre? _____

    _____

    _____

5. Lee Proverbios 3-6.
    ¿Qué promete Dios a la persona que busca conocerlo y reconocerlo a Él? *y el endereza chis veredos*

    _____

6. Lee Jeremías 29:11-14.
    a. ¿Cuándo nos oye Dios? _____

    _____

    b. ¿Cuándo se revela Dios a nosotros? _____

    _____

c. ¿Qué nos revela Dios cuando le buscamos y oramos a Él?

_____

_____

_____

d. ¿Qué hace el Señor por nosotros cuando lo encontramos?

_____

_____

¿QUÉ NOS HABLA EL ESPÍRITU SANTO?

Dios habla a aquellos que buscan seguir la dirección del Espíritu Santo en todo lo que hacen. La Biblia dice que *todas* las personas pueden oír al Espíritu Santo si solamente buscan a Dios y reciben a Jesús como su Salvador y reciben al Espíritu Santo a quien el Padre celestial envía.

7. Lee Lucas 11:13.
   ¿A quién da Dios Padre el Espíritu Santo? _____

   _____

   _____

8. Lee Juan 1:32-33 y Juan 14:15-20.
   a. ¿Quién es Aquel que bautiza con el Espíritu Santo?

   _____

   _____

   b. ¿Dónde reside el Espíritu Santo? _____

   _____

   c. ¿Qué significa ser bautizado en el Espíritu Santo?

   _____

   _____

   d. ¿Por qué el "mundo" (los incrédulos) no puede recibir al Espíritu Santo? _____

   _____

   _____

9. Lee Juan 16:12-13 y Juan 14:26.

a. ¿A qué nos guía el Espíritu Santo? _____

_____

b. ¿Qué nos anuncia y declara el Espíritu Santo? _____

_____

c. ¿Qué nos hace que recordemos el Espíritu Santo?

_____

_____

_____

10. Lee Juan 6:45.

Como aquellos que escuchan y aprenden del Padre, ¿quién es nuestro Maestro personal? _____

_____

_____

¿QUÉ SABE EL ESPÍRITU SANTO PARA DECÍRNOSLO?

El Espíritu Santo sabe todo sobre nosotros—todo sobre la manera en que deberíamos conducir nuestras vidas—y sobre los planes y propósitos de Dios. La Biblia nos da ejemplos de hombres y mujeres que han oído al Señor, incluyendo muchos detalles sobre los planes y propósitos de Dios, al igual que las consecuencias de su obediencia a las instrucciones del Señor.

11. Lee Mateo 10:30, Salmo 139:16, Hechos 17:26-27.

¿Qué sabe el Espíritu Santo sobre nosotros? _____

_____

12. Lee Mateo 7:13-14, Deuteronomio 30:19 y Jeremías 21:8.

a. ¿Cómo describe la Biblia la "puerta" por la que el Espíritu Santo nos guía? _____

_____

_____

b. ¿Cómo describe la Biblia el "camino" que el Espíritu Santo nos conduce a seguir en la vida? _____

_____

c. ¿Qué elección crítica nos ayuda a hacer el Espíritu Santo?

_____

_____

_____

13. Lee Génesis 6:13-17.
    a. En este pasaje, ¿qué le dijo Dios a Noé que Él iba a hacer?

    _____

    _____

    b. ¿Qué le dijo Dios a Noé que hiciera? _____

    _____

    _____

14. Lee Éxodo 7:1-5.
    a. En este pasaje, ¿qué le dijo Dios a Moisés sobre Faraón?

    _____

    _____

    b. ¿Qué le dijo Dios a Moisés sobre Aarón? _____

    _____

    c. ¿Qué le dijo Dios a Moisés que debía hacer? _____

    _____

    d. ¿Qué le dijo Dios a Moisés sobre la manera en que Faraón respondería al mensaje de Moisés? _____

    _____

    e. ¿Cuál le dijo Dios a Moisés que sería el resultado final?

    _____

    _____

15. Lee 1 Corintios 2:10-13.

    a. Qué nos desvela y revela el Espíritu Santo sobre Dios?

    _____

    _____

    _____

    b. ¿Por qué nos revela el Espíritu Santo los pensamientos de
    Dios? _____

    _____

    _____

¿CUÁLES SON LAS PROMESAS DE DIOS PARA DIRIGIRNOS Y GUIARNOS?

El Señor promete ser nuestro Pastor: dirigirnos y guiarnos en los caminos
que Él desea para nosotros. Él nos dice que tendremos la capacidad de oír
su voz. Dios nos habla; nuestro papel es escuchar atentamente lo que Él
tenga que decirnos y luego obedecerle completamente.

16. Lee Ezequiel 34:11-16.

    En este pasaje, ¿qué promete el Señor hacer por sus ovejas?

    _____

    _____

    _____

17. Lee 1 Juan 2:27.

    a. ¿Qué dice este versículo sobre la fuente permanente de guía
    que tenemos en el Espíritu Santo? _____

    _____

    _____

    b. ¿Qué dice este versículo que nos enseña la unción del
    Espíritu Santo? _____

    _____

    _____

    c. ¿A qué nos desafía este versículo que sigamos haciendo?

    _____

    _____

18. Lee Juan 10:4-5.
    Como sus "ovejas", ¿qué dijo Jesús sobre nuestra capacidad para oírlo y seguirlo a Él? _____

    _____

    _____

19. Lee el Salmo 46:10.
    ¿Cuál es la mejor manera para que oigamos al Señor?

    _____

    _____

    _____

20. Lee Juan 2:5.
    ¿Cuál debería ser nuestra respuesta cuando el Señor nos habla? _

    _____

    _____

TIEMPO DE ORACIÓN

Conforme has leído el Capítulo 1 y has completado este capítulo del manual, ¿ha hablado el Señor a tu corazón y tu mente acerca de su deseo de hablarte personalmente cada día?

Te invito a que utilices el espacio siguiente para escribir una oración al Señor, pidiéndole que te hable sobre los asuntos en tu vida que más te preocupen. Pídele que te hable sobre su plan para tu vida; pídele que te dé un corazón abierto para oír lo que Él dice. Y… expresa tu deseo de *obedecer* cualquier cosa que Él te diga que hagas.

_____

_____

_____

_____

_____

_____

_____

_____

2
Cómo crear una atmósfera donde oír a Dios

═══

Lee el Capítulo 2 de *Cómo oír a Dios*. Luego lee en tu Biblia los pasajes designados a continuación y responde las preguntas que siguen. Cuando hayas terminado, comprueba tus respuestas en la tabla de respuestas que está en la parte final de este libro.

¿QUÉ SIGNIFICA CREAR UNA ATMÓSFERA DONDE OÍR A DIOS?

Para disfrutar de la plenitud de la presencia de Dios debemos mantener regularmente una atmósfera que conduzca a buscarlo a Él, a honrarlo a Él y a ser fieles y obedientes a Él. Si queremos oír a Dios, debemos rendir nuestras actitudes al señorío de Jesucristo y aprender a ser guiador por el Espíritu en *todos* nuestros caminos.

1. Lee Romanos 12:18.
   ¿Cómo debemos vivir relacionándonos con otras personas?
   _____
   _____

2. Lee Hebreos 5:11.
   ¿Qué nos dice este versículo sobre *por qué* parece que no oímos a Dios? _____
   _____

¿CÓMO PODEMOS SABER SI ES EL SEÑOR QUIEN NOS HABLA?

Debemos conocer el carácter de Dios a fin de saber lo que viene de Él y lo que no.

3. Lee Mateo 11:28-30 y Jeremías 6:16.

a. ¿Qué desea Dios que hagamos? _____

_____

b. ¿Qué promete Dios hacer por quienes entran en una relación con Él? _____

_____

c. ¿Qué nos dicen estos pasajes sobre el carácter de Dios?

_____

_____

d. ¿Cómo describe Dios las obligaciones que Él nos impone?

_____

_____

_____

4. Lee 2 Timoteo 2:13.
   ¿Qué dice este versículo sobre el carácter de Dios? _____

_____

_____

5. Lee Mateo 13:9-16.
   a. En este pasaje, ¿qué nos llama a hacer el Señor? _____

_____

_____

b. ¿Qué evita que oigamos lo que el Señor está diciendo y percibamos lo que Él está haciendo? _____

_____

c. En esencia, ¿por qué no conocemos los deseos de Dios para nosotros? _____

_____

_____

¿QUÉ ACTITUDES INVITAN LA PRESENCIA DE DIOS?

Dios habla a quienes tienen una actitud de honrarlo a Él por encima de todo; quienes continúan teniendo fe en que Dios les ha hablado, quienes esperan con paciencia oír a Dios y quienes tienen una actitud de obediencia.

6. Lee Jeremías 17:5-8.
   a. Según este pasaje, ¿a quién bendice Dios? _____
   _____

   b. ¿Quién es la persona que es maldita? _____
   _____

   c. ¿Qué promete el Señor a la persona que pone su plena confianza en Él en lugar de en el "hombre frágil"?
   _____
   _____
   _____

7. Lee Gálatas 1:15-17 y Gálatas 1:21-24.
   a. ¿Qué vio Pablo como el mensaje de Dios para él?
   _____

   b. ¿Cuán seguro estaba Pablo de que Dios le había hablado?
   _____

   c. ¿Cuál fue el resultado de que Pablo permitiera que la Palabra de Dios creciera en su corazón y fuera manifestada en su predicación? _____
   _____
   _____

8. Lee Romanos 9:1.
   ¿Cuál era el "testigo" de Pablo de que estaba oyendo a Dios?
   _____
   _____
   _____

9. Lee Jueces 6:36-40 y Juan 20:29.
   Gedeón pidió una señal visible a Dios, y Dios honró la petición de Gedeón, pero no fue lo mejor que Dios tenía.

¿Cómo respondió Jesús a quienes le pidieron una señal visible? _____

_____

_____

10. Lee Proverbios 8:34-36.
    a. En este pasaje, ¿quién es la persona bienaventurada?

    _____

    _____

    b. ¿Qué le sucede a la persona que halla la sabiduría del Señor? _____

    _____

    _____

    c. ¿Cuál es el destino de la persona que no espera oír a Dios o que peca? _____

    _____

    _____

11. Lee el Salmo 40:6.
    a. ¿Qué "capacidad" ha dado Dios a cada uno de nosotros?

    _____

    _____

    b. ¿Cómo considera Dios la obediencia? _____

    _____

    _____

TIEMPO DE ORACIÓN

Al haber leído el Capítulo 2 y haber completado este capítulo del manual, ¿te ha hablado el Señor a tu corazón y tu mente acerca de tu necesidad de realizar cambios en la "atmósfera" de tu vida?

Te invito a utilizar el espacio siguiente para escribir una oración al Señor, pidiéndole que te ayude a crear una atmósfera en la cual puedas oír de Él. Confiesa al Señor cualquier actitud que puedas haber albergado y que no esté en consonancia con sus planes y sus propósitos. Recibe su perdón y pídele que te ayude a realizar los cambios que necesitas realizar. Pídele que te ayude a mantener una actitud de escucha, una actitud que honre a Dios, que esté llena de fe y paciencia, y que sea obediente.

_____

_____

_____

_____

_____

_____

_____

_____

_____

_____

_____

3
Dios habla por medio de la revelación sobrenatural

=

Lee el Capítulo 3 de *Cómo oír a Dios*. Luego lee en tu Biblia los pasajes designados a continuación y responde las preguntas que siguen. Cuando hayas terminado, comprueba tus respuestas en la tabla de respuestas que está en la parte final de este libro.

LAS PALABRAS *LOGOS* Y *REMA* DE DIOS PARA NOSOTROS

De todas las otras maneras en que Dios puede hablarnos, Él nunca contradice la Palabra escrita, a la cual originalmente se refería la palabra griega *logos*. Dios concretamente trae a nuestra memoria su *logos* para cada situación. Su *rema* puede que no esté escrita palabra por palabra en la Biblia, pero el principio siempre será apoyado en la Palabra escrita. La Biblia confirma si lo que estamos sintiendo viene o no de Dios.

1. Lee Lucas 4:1-13.
    a. Cuando el diablo tentó a Jesús para que convirtiera una piedra en pan, ¿cómo respondió Jesús? _____
    _____
    _____

    b. Cuando el diablo tentó a Jesús para que lo adorara, ¿cómo respondió Jesús? _____
    _____
    _____

    c. Cuando el diablo tentó a Jesús para que se arrojara desde el pináculo del templo, ¿cómo respondió Jesús? _____
    _____
    _____

d. ¿Cuál era la frase común en cada una de las respuestas de Jesús? _____

_____

_____

2. Lee 2 Corintios 10:5.
   a. ¿Qué es lo que tenemos que refutar? _____

   _____

   _____

   b. ¿Qué debemos hacer con cada "pensamiento y propósito"?

   _____

   _____

   _____

DIOS HABLA MEDIANTE LA SABIDURÍA Y EL SENTIDO COMÚN

Una manera de oír a Dios es mediante la sabiduría y el sentido común convencionales. La sabiduría discierne la verdad en una situación, mientras que el sentido común proporciona buen juicio en cuanto a qué hacer con la verdad. La sabiduría es sobrenatural porque no es enseñada por los hombres, sino que es un don de Dios. El libro de Proverbios es una estupenda fuente de sabiduría; te recomiendo que leas al menos unos cuantos versículos de este libro cada día.

3. Lee Santiago 1:5.
   a. ¿Qué debemos hacer si tenemos falta de sabiduría?

   _____

   b. ¿Cuáles son las características de la manera en que Dios nos da su sabiduría? _____

   _____

4. Lee Proverbios 2:1-5.
   a. ¿Cómo debemos tratar los mandamientos de Dios?

   _____

   _____

23

b. ¿A qué debemos hacer que presten atención nuestros oídos? _____

_____

_____

c. ¿A qué debemos dirigir nuestro corazón y mente?

_____

_____

d. ¿Qué se promete a quienes "buscan [la sabiduría] como a la plata" y "la escudriñan como a tesoros"? _____

_____

_____

5. Lee Proverbios 2:9-10.
   En este pasaje de la Escritura, ¿qué se promete a quienes son justos, quienes son rectos ante Dios? _____

_____

_____

DIOS HABLA MEDIANTE SUEÑOS Y VISIONES

En la Biblia hay muchos relatos de Dios hablando a personas mediante sueños y visiones, pero estas están entre las maneras menos comunes en que Dios nos habla. No todos los sueños son sueños espirituales. No todo lo que "vemos" viene de Dios. Debemos probar nuestros sueños y visiones con los principios de la Palabra de Dios. No debemos creer que somos espiritualmente inadecuados de alguna manera si Dios no nos habla mediante sueños y visiones.

6. Lee 1 Juan 4:1-3.
   a. ¿Qué debemos hacer cuando tengamos una experiencia espiritual o alguien nos diga que él o ella están hablando una verdad espiritual? _____

_____

_____

b. ¿Cómo percibimos y reconocemos la obra del Espíritu de Dios? _____

_____

_____

c. ¿Cómo percibimos que algo no viene de Dios? _____

_____

_____

7. Lee Juan 3:27.
   ¿Cuál debe ser nuestra actitud hacia los dones que Dios nos da?

   _____

   _____

   _____

DIOS HABLA POR MEDIO DE LA PROFECÍA

Hay veces en que Dios habla proféticamente a través de otras personas para revelar su voluntad para nuestras vidas. La profecía es la interpretación de la voluntad y el propósito divinos por medio de la predicación y la enseñanza inspiradas. La profecía debe estar en consonancia con la Palabra de Dios, y una palabra personal de profecía debería confirmar algo que ya está en nuestro corazón.

8. Lee 1 Corintios 14:1-4.
   a. ¿Qué hace un profeta? _____

   _____

   _____

   b. ¿Cuál es el propósito de la profecía para la persona individual que la escucha? _____

   _____

   _____

   c. ¿Cuál es el propósito de la profecía para la iglesia? _____

   _____

   _____

9. Lee 1 Timoteo 4:13-16.

¿Qué deberíamos hacer mientras esperamos que se cumpla una profecía del Señor? _____

_____

_____

TIEMPO DE ORACIÓN

Al haber leído el Capítulo 3 y haber completado este capítulo del manual, ¿te ha hablado el Señor a tu corazón y tu mente acerca de las maneras en que Él desea hablarte por medio de la revelación sobrenatural?

Te invito a utilizar el espacio siguiente para escribir una oración al Señor, pidiéndole que te ayude a ser fiel en tu lectura diaria de su Palabra. Pídele que te hable conforme leas tu Biblia. Pídele que te haga muy sensible a lo que Él pueda desear decirte por medio de la sabiduría convencional y el sentido común, por medio de sueños y visiones y por medio de profecías.

_____

_____

_____

_____

_____

_____

_____

_____

_____

_____

_____

_____

4
Dios habla por medio de las cosas naturales

═══

Lee el Capítulo 4 de *Cómo oír a Dios*. Luego lee en tu Biblia los pasajes designados a continuación y responde las preguntas que siguen. Cuando hayas terminado, comprueba tus respuestas en la tabla de respuestas que está en la parte final de este libro.

EL PRIMER PASO ES CREER QUE DIOS ES

En el primer capítulo observamos que Dios habla a *todas* las personas por medio de su creación, de la obra de sus manos. El principal mensaje de la creación para todas las personas es: *Dios es*. Dios ha dado a cada persona una medida de fe para creer en Él. Dios recompensa a todos los que le buscan con la respuesta a su búsqueda: ¡con su misma presencia!

1. Lee Hebreos 11:6.
   a. ¿Cuál es la necesidad para quienes "se acercan a Dios"?

   _____

   _____

   b. ¿Cómo recompensa Dios a quienes lo buscan? _____

   _____

   _____

   _____

2. Lee Romanos 12:3.
   ¿Qué ha repartido (o dado) Dios a cada uno de nosotros?

   _____

   _____

   _____

DIOS NOS HABLA POR MEDIO DE LA NATURALEZA

Las primeras palabras de la Biblia son nuestra primera lección de fe: "En el principio creó Dios...". Muchos reconocen que Dios existe, pero no han aprendido a relacionarse con Él en su vida cotidiana, cuando se enfrentan con luchas o dificultades. Por gracia, Dios trata de acercarse a nosotros cada día, dejando señales por todos lados. ¡Él deja huellas de sí mismo en todo nuestro alrededor!

3. Lee Mateo 6:28-30 y Lucas 12:24.

   a. ¿Qué lecciones nos llama Jesús a aprender acerca de Dios al observar los lirios del campo? _____

   _____

   _____

   b. ¿Qué lecciones nos llama a aprender acerca de Dios al observar las aves? _____

   _____

   _____

4. Lee Proverbios 8:29, Job 38:10 y Jeremías 5:22.

   a. ¿Qué dicen esos versículos sobre la creación de Dios del mar?

   _____

   _____

   _____

   b. ¿Qué lección podemos aprender de estos pasajes? _____

   _____

   _____

5. Lee Job 38-41 y Job 42:2.

   ¿Qué nos dice Job acerca del control que Dios tiene de toda la naturaleza, aun de las cosas que no entendemos?

   _____

   _____

   _____

DIOS HABLA POR MEDIO DE NUESTRAS CAPACIDADES NATURALES

Dios responde muchas de nuestras preguntas sobre nuestro propósito y llamado por medio de nuestros dones y capacidades naturales, al igual que por medio de nuestros dones y capacidades espirituales. Él nos guía hacia nuestro propósito por medio de las capacidades naturales y talentos únicos que Él nos otorga. Los dones dados por Dios son las actividades que realizamos fácilmente sin recibir instrucción formal, y que nos proporcionan placer cuando usamos esas capacidades para el bien de quienes nos rodean. Sabemos que estamos operando en nuestros dones y llamado cuando lo que hacemos ministra vida a otros.

6. Lee Génesis 4:20-22 y 2 Crónicas 2:7-8, 14.
   Estos pasajes identifican una variedad de dones y capacidades naturales. ¿Cuáles son? _____
   _____
   _____

7. Lee 1 Corintios 12:28.
   ¿Qué capacidades *espirituales* se identifican en este versículo?
   _____
   _____
   _____

8. Lee Romanos 12:4-8.
   a. ¿Por qué dio Dios diferentes dones (facultades, talentos, cualidades) a la iglesia? _____
   _____

   b. ¿Cuáles son los dones ministeriales identificados en este pasaje?_____
   _____
   _____

c. ¿De qué maneras debemos emplearlos cuando utilizamos los siguientes dones?_____

• Profecía _____

_____

• Dar (contribuir)_____

_____

• Ayuda y supervisión _____

_____

• Hacer actos de misericordia _____

_____

9. Lee Juan 10:10

¿Cuál es una de las principales razones por que se nos dan talentos y capacidades? _____

_____

_____

DIOS NOS HABLA POR MEDIO DE PERSONAS

Dios desea que busquemos su consejo y su guía en primer lugar y por encima de todo. La mejor política a seguir es buscar a Dios y permitirle escoger cómo y por medio de quién quiere hablarnos. Dios, a veces, utilizará a una persona para darnos sabio consejo en cuanto a *cómo* hacer algo. También utilizará a personas para darnos una palabra de consejo que confirme lo que ya sentimos en nuestro propio espíritu. Es muy importante que quienes hablan palabras de consejo a nuestra vida sean personas piadosas que puedan decirnos una palabra "en el momento adecuado". Si Dios escoge hablarnos por medio de otros, deberíamos recibir humildemente de cualquier persona a la que Él escoja utilizar.

10. Lee Proverbios 15:22-23.

¿Qué dice este pasaje sobre una palabra de consejo que se dice en el momento adecuado? _____

_____

_____

11. Lee el Salmo 1:1-2.
    ¿Qué tipo de consejo debemos evitar? _____
    _____
    _____

DIOS NOS HABLA POR MEDIO DE NUESTRA PROPIA BOCA

Muchas veces, Dios nos habla por medio de nuestras propias bocas. Cuando decimos en voz alta posibles soluciones a un problema y su potencial resultado, una "respuesta" en particular puede permanecer en nuestro corazón.

12. Lee Proverbios 16:1.
    ¿Quién nos impulsa a dar "respuestas sabias"? _____
    _____
    _____

13. Lee el Salmo 81:10.
    ¿Qué promete Dios hacer si le buscamos y abrimos nuestra boca hacia Él? _____
    _____
    _____

14. Lee Lucas 21:15.
    ¿Qué nos prometió Jesús cuando se nos dé una oportunidad para dar testimonio contra nuestros adversarios? _____
    _____
    _____
    _____

DIOS NOS HABLA POR MEDIO DE LA CORRECCIÓN

A veces, Dios nos habla una palabra de corrección. La corrección o el castigo de Dios no es algo malo; en definitiva, siempre redunda para nuestro bien. Pero eso no significa que nos sintamos bien o que lo disfrutemos inmediatamente. Dios nos corrige para llevarnos a la justicia y a una posición de mayor dependencia de Él para obtener dirección y sabiduría. En última instancia nos castiga a fin de ser llevados a una posición en que podamos recibir sus mayores bendiciones.

15. Lee Hebreos 12:11.

a. ¿Qué tipo de fruto produce la disciplina de Dios? _____

_____

_____

b. ¿Quién recibe esta cosecha y qué efecto tiene en la persona? _____

_____

_____

c. ¿Cuál es el resultado de esta cosecha? _____

_____

_____

16. Lee Números 22:20-28.

Si no oímos, o por alguna razón no podemos oír la palabra de corrección de Dios directamente de Él, Él utiliza a otras personas y fuentes naturales para hablarnos. ¿Cuál fue la fuente que Dios utilizó para hablar a su profeta Balaam en Números 22:28? _____

_____

_____

17. Lee Deuteronomio 1:43- 46; 2:3.

Después de un periodo de silencio en el cual el Señor no oyó la voz de los israelitas (un acto de castigo), los israelitas dieron vueltas alrededor del monte Seir por muchos días. Después de eso, ¿qué palabras concretas de instrucción habló el Señor a Moisés? _____

_____

_____

18. Lee 2 Crónicas 16:9.

a. ¿Cómo desea Dios que sean nuestros corazones?_____
_____
_____

b. ¿Qué dice Dios que hará a aquellos cuyos corazones sean sin tacha hacia Él?_____
_____
_____

TIEMPO DE ORACIÓN

Al haber leído el Capítulo 4 y haber completado este capítulo del manual, ¿te ha hablado el Señor a tu corazón y tu mente acerca de su deseo de hablarte por medio de las cosas naturales?

Te invito a utilizar el espacio siguiente para escribir una oración al Señor, pidiéndole que te ayude a identificar las capacidades naturales que Él te ha dado y a identificar las maneras en que Él desea que las utilices. Pídele que te ayude a escuchar tus propias palabras a fin de poder comprobar lo que dices, aprender más sobre tu propio corazón y realizar cambios que Él pueda desear que hagas. Pídele que te ayude a estar más dispuesto a oír sus palabras de corrección.

_____
_____
_____
_____
_____
_____
_____
_____
_____
_____

5
Dios habla por medio de la paz interior

═══

Lee el Capítulo 5 de *Cómo oír a Dios*. Luego lee en tu Biblia los pasajes designados a continuación y responde las preguntas que siguen. Cuando hayas terminado, comprueba tus respuestas en la tabla de respuestas que está en la parte final de este libro.

DEBEMOS PONER NUESTRAS DECISIONES EN EL PLATILLO DE LA BALANZA DE LA PAZ

Cuando Dios habla, da un profundo sentimiento de paz interior para confirmar que el mensaje proviene realmente de Él. Aun cuando habla para disciplinarnos, la compañera de la verdad deja un tranquilizador sentimiento de bienestar en nuestra alma. Los pensamientos de nuestro propio razonamiento no producen paz, y ciertamente las palabras del engañador para nosotros no dan paz. Una profunda paz interior es la manera en que se nos asegura que hemos recibido la sabiduría de Dios y estamos actuando en el tiempo de Dios. La paz es una "confirmación interior" de que nuestros actos son aprobados por Dios.

1. Lee Juan 14:27.
   a. ¿Qué promete Jesús darnos y "dejarnos"? _____

   _____

   b. ¿Qué debemos evitar que suceda en nuestros corazones?

   _____

2. Lee Romanos 8:6.
   ¿Qué produce la mente del Espíritu Santo? _____

   _____

3. Lee Colosenses 3:15.
    ¿Qué debe hacer la paz de Cristo en nuestros corazones?

    _____

    _____

4. Lee Eclesiastés 5:1-5.
    ¿Qué nos dice este pasaje sobre hablar apresuradamente, antes de tener la paz de Dios sobre un asunto?_____

    _____

    _____

DIOS HABLA POR MEDIO DE LA PERSUASIÓN PERSISTENTE

Podemos saber si estamos haciendo las cosas correctamente, porque nuestra conciencia discernirá el testimonio de la verdad. Nuestra conciencia se torna más sensible a medida que crecemos en el Señor y Él nos asigna más responsabilidad. La Palabra nos enseña a ser fieles a nuestras convicciones; si hacemos algo con lo cual nos sentimos inquietos, somos condenados porque no estamos obrando por fe. Debemos ser fieles en responder a la persuasión de Dios en nuestra conciencia en las cosas pequeñas; de otro modo el Señor no nos confiará mayores oportunidades ministeriales.

5. Lee Romanos 14:22-23.
    a. ¿Cómo debemos "ejercitar" nuestras convicciones personales?

    _____

    _____

    _____

    b. ¿Qué dice este pasaje sobre una persona que tenga duda (recelo, una conciencia intranquila) acerca de algo y de todos modos lo haga? _____

    _____

    _____

6. Lee Mateo 25:14-23.

En esta parábola de Jesús, ¿qué dijo el amo a los sirvientes a los que había dado cinco talentos y dos talentos? _____

_____

_____

DIOS HABLA POR MEDIO DE LOS DESEOS DE NUESTRO CORAZÓN

Dios nos habla por medio de los deseos santificados de nuestro corazón: los que están en consonancia con lo que Dios desea para nosotros. Necesitamos pedirle a Dios que nos dé deseos santificados, o santos. Entre ellos están el deseo del amor de Dios y de los dones espirituales. Finalmente, Dios desea que *nuestros* deseos se fundan con los *suyos*.

7. Lee el Salmo 37:4.
   ¿Qué da Dios a quienes se deleitan en el Señor? _____

   _____

   _____

8. Lee 1 Corintios 14:1.
   a. En este versículo, ¿qué debemos perseguir con entusiasmo y buscar adquirir? _____

   _____

   _____

   b. ¿Qué debemos desear con entusiasmo y cultivar? _____

   _____

   _____

9. Lee Gálatas 5:17.
   ¿Cuál es la relación entre los deseos de la carne (la naturaleza humana impía) y los deseos del Espíritu Santo?

   _____

   _____

10. Lee Romanos 14:17.

Este versículo nos dice que el reino de Dios no es cuestión de obtener lo que queremos. ¿De qué dice que se trata el reino de Dios? _____

_____

_____

11. Lee Juan 10:30 y Juan 8:28.
    a. ¿Qué dijo Jesús sobre su relación con Dios Padre?

    _____

    _____

    _____

    b. ¿Qué dijo Jesús sobre su autoridad para actuar y hablar?

    _____

    _____

    _____

12. Lee Juan 15:7.
    a. En este versículo, ¿qué nos llama Jesús a hacer? _____

    _____

    _____

    b. ¿Cuál dice Jesús que será el resultado si permanecemos en Él y sus palabras permanecen en nosotros y siguen viviendo en nuestros corazones? _____

    _____

    _____

13. Lee Efesios 4:15.
    a. ¿Qué deben expresar amorosamente nuestras vidas?

    _____

    _____

    _____

    b. ¿A qué tipo de crecimiento nos llama el Señor? _____

    _____

    _____

14. Lee Marcos 11:24.

Si nuestros deseos son piadosos, ¿qué podemos esperar cuando expresamos esos deseos al Señor? _____
_____
_____

15. Lee Filipenses 2:13.
¿Qué está obrando Dios para producir y manifestar en nosotros? _____
_____
_____

DIOS HABLA CON UNA VOZ FAMILIAR Y CONFIABLE

Dios nos habla con una voz que reconocemos. A veces, puede sonar como la nuestra; otras veces puede parecerse a la de alguien conocido. Pero el hecho es que esa voz siempre nos trae paz cuando es Dios quien habla.

16. Lee 1 Samuel 3:1-10.
¿Cuál debería ser nuestra respuesta cuando oigamos al Señor pronunciar nuestro nombre? _____
_____
_____

17. Lee Juan 10:1-5 y Juan 10:15-16.
a. ¿Quiénes son las "ovejas" de Dios? _____
_____
_____

b. ¿De quién es la voz que siguen las "ovejas"? _____
_____
_____

c. ¿Qué dice Jesús sobre nuestra capacidad para reconocerlo a Él y conocer su voz? _____
_____
_____

TIEMPO DE ORACIÓN

Al haber leído el Capítulo 5 y haber completado este capítulo del manual, ¿te ha hablado el Señor a tu corazón y tu mente acerca de la gran importancia de experimentar su paz?

Te invito a utilizar el espacio siguiente para escribir una oración al Señor, pidiéndole que te ayude a oír y obedecer su persuasión persistente. Pídele que te revele los deseos de tu corazón y que te muestre cualquier aspecto de esos deseos que no esté en consonancia con su plan o propósito para tu vida. Pídele que te dé su paz.

_____

_____

_____

_____

_____

_____

_____

_____

_____

_____

_____

6
Dios habla por medio de la convicción

═

Lee el Capítulo 6 de *Cómo oír a Dios*. Luego lee en tu Biblia los pasajes designados a continuación y responde las preguntas que siguen. Cuando hayas terminado, comprueba tus respuestas en la tabla de respuestas que está en la parte final de este libro.

EL ESPÍRITU SANTO NOS CONVENCE

El Espíritu Santo habla a nuestra conciencia para convencernos de pecado y convencernos de justicia. La convicción del Señor nunca nos condena o nos llena de vergüenza, angustia o humillante lamento; por el contrario, su convicción se propone convencernos de que nos arrepintamos, lo cual significa dar la vuelta y caminar en la dirección correcta en lugar de hacerlo en la incorrecta por la que vamos en ese momento. Cuando sentimos convicción de pecado, nos sentimos culpables, pero seguir sintiéndonos culpables después de habernos arrepentido de pecado no es algo saludable, ni tampoco es la voluntad de Dios.

1. Lee Juan 16:7-11.
   a. ¿Cómo viene a nosotros el Espíritu Santo? _____
   _____
   _____

   b. ¿Por qué trae el Espíritu Santo convicción de pecado?
   _____
   _____

   c. ¿Por qué necesitamos que el Espíritu Santo nos convenza de nuestra necesidad y de recibir la justicia de Cristo?
   _____
   _____

d. ¿Qué seguridad necesitamos del Espíritu Santo con respecto al juicio? _____

_____

_____

2. Lee Judas 1:15.
   a. ¿A quién convence el Espíritu Santo? _____

   _____

   b. ¿Acerca de qué convence el Espíritu Santo a esas personas?

   _____

   _____

3. Lee Juan 3:17-18.
   a. ¿Qué dijo Jesús que Él *no* era enviado a hacer? _____

   _____

   b. ¿Qué dijo Jesús que Él *era* enviado a hacer? _____

   _____

   c. ¿Cuál es el estado de la persona que cree en Jesús?

   _____

   _____

   d. ¿Cuál es el estado de la persona que *no* cree en Jesús?

   _____

   _____

   _____

4. Lee Juan 8:9-11.
   a. ¿Qué dijo Jesús sobre la condenación de la mujer sorprendida en adulterio? _____

   _____

   _____

b. ¿Qué le dijo Él que hiciera desde ese momento en adelante?

_____

_____

5. Lee el Salmo 51:10 y Ezequiel 11:19-20.

   a. ¿Qué tipo de corazón debemos desear que Dios cree en nosotros? _____

_____

   b. ¿Qué tipo de espíritu debemos desear que Dios renueve en nosotros? _____

_____

   c. ¿Cuál es la promesa de Dios para nosotros sobre nuestro corazón? _____

_____

   d. ¿Cuál es la promesa de Dios para nosotros sobre nuestro espíritu? _____

_____

   e. ¿Por qué nos da Dios un nuevo corazón y un nuevo espíritu?_____

_____

   f. ¿Cuál es el resultado final de tener un nuevo corazón y un nuevo espíritu? _____

_____

LA CONVICCIÓN NOS INDUCE A PEDIRLE AYUDA A DIOS

Cuando Dios nos revela un problema que debe ser tratado, podemos confiar en que también ha puesto la unción necesaria para quebrar el yugo que nos ataba. Cuando Dios convence, Él también unge.

6. Leer 1 Juan 4:4.
    ¿Qué dice este versículo sobre el poder del Espíritu Santo que vive en nosotros? _____
    _____
    _____

7. Lee Gálatas 5:1.
    a. Según este versículo, ¿qué ha hecho Cristo por nosotros?
    _____
    _____
    _____

    b. ¿Cómo debemos responder a la libertad que Cristo nos otorga? _____
    _____
    _____

8. Lee Mateo 6:12-13.
    a. ¿Qué debemos orar con respecto a nuestras deudas?
    _____
    _____
    _____

    b. ¿Qué debemos orar con respecto al maligno? _____
    _____
    _____

EL ESPÍRITU SANTO JAMÁS NOS CONDENA

El Espíritu Santo no nos condena; por el contrario, nos capacita para andar en verdadera justicia y rectitud de corazón. Vivimos en un mundo lleno de oscuridad, pero somos capacitados por el Espíritu Santo para convertirnos en agentes de luz. El apóstol Pablo escribe en Romanos 8:33-34 que si Dios Padre y Cristo Jesús no nos condenan, ninguna persona o espíritu malo tiene poder para condenarnos.

9. Lee Isaías 9:2, Isaías 42:6, Juan 8:12 y Efesios 5:8-9.

a. Según Isaías 9.2, ¿quién ha visto una gran Luz?

_____

_____

b. Según Isaías 9:2, ¿sobre quién ha brillado la Luz?

_____

_____

c. Según Isaías 42:6, ¿qué papel debía jugar el Mesías con respecto a los gentiles? _____

_____

d. Según Juan 8:12, ¿qué dijo Jesús sobre aquellas personas que le seguirían? _____

_____

e. Según Efesios 5:8, ¿cómo debemos andar?

_____

_____

f. Según Efesios 5:9, ¿cuál es el fruto (el efecto, el producto) de la luz del Espíritu? _____

_____

_____

10. Lee Romanos 8:32-34.
    a. ¿Quién nos justifica?_____

    _____

    b. ¿Quién está a la diestra de Dios rogando en intercesión por nosotros?_____

    _____

    _____

11. Lee Isaías 53:3-5 e Isaías 53:11.

a. En estos pasajes acerca de Cristo Jesús, el Mesías, ¿qué soportó y llevó Cristo Jesús en la cruz? _____

_____

_____

b. ¿Por qué fue Cristo Jesús herido y molido? _____

_____

_____

c. ¿Qué proporcionó su castigo para nosotros? _____

_____

_____

d. ¿Qué lograron sus heridas para nosotros?_____

_____

_____

e. Según Isaías 53:11, ¿qué logró la aflicción de Cristo Jesús en la cruz para muchos? _____

_____

_____

f. En Isaías 53:11, ¿qué soportó Cristo Jesús, el Siervo de Dios, en la cruz?_____

_____

_____

12. Lee 1 Juan 1:9.
    ¿Qué promete Dios si admitimos libremente que hemos pecado y confesamos nuestros pecados? _____

    _____

    _____

TIEMPO DE ORACIÓN

Al haber leído el Capítulo 6 y haber completado este capítulo del manual, ¿te ha dado el Señor convicción de alguna manera?

Te invito a utilizar el espacio siguiente para escribir una oración al Señor, pidiéndole que perdone tus pecados y te libere de toda culpabilidad y vergüenza. Pídele que te libere de cualquier adicción y conducta impía. Acude con valentía ante el Señor y pídele que te ayude a permanecer siempre en su presencia.

_____

_____

_____

_____

_____

_____

_____

_____

_____

_____

_____

_____

_____

7
Cómo desarrollar un "oído entrenado"

==

Lee el Capítulo 7 de *Cómo oír a Dios*. Luego lee en tu Biblia los pasajes designados a continuación y responde las preguntas que siguen. Cuando hayas terminado, comprueba tus respuestas en la tabla de respuestas que está en la parte final de este libro.

POR QUÉ ALGUNAS PERSONAS NO DESARROLLAN UN "OÍDO ENTRENADO"

Mientras que la mayoría de los caballos son guiados y dirigidos por medio de una correa sujeta a su hocico, algunos mantienen su oído alerta a la voz del entrenador. En un caso, el oído está atento a las señales naturales, mientras que en el otro es sensible a su fiel instructor. Al oído que está atento al instructor se le denomina "oído entrenado". Dios nos llama a desarrollar un oído entrenado hacia Él.

1. Lee Juan 4:24.
    ¿Cómo describió Jesús a Dios y el modo en que Él debe ser adorado? _____

    _____

    _____

2. Lee Juan 3:5-8.
    ¿Qué es necesario para que una persona pueda ser sensible a la voz de Dios y entender lo que el Espíritu dice? _____

    _____

    _____

3. Lee Juan 5:37-40.

a. En este pasaje, ¿qué dijo Jesús acerca de su Padre a quienes se oponían a Él?_____

_____

_____

b. ¿Qué evita que las personas tengan la Palabra de Dios (su pensamiento) viviendo en su corazón? _____

_____

_____

4. Lee 1 Timoteo 4:1-2.
    a. ¿Qué predice este pasaje que sucederá en los últimos tiempos? _____

    _____

    b. ¿Por qué las personas caen víctimas de la hipocresía y las pretensiones de los mentirosos? _____

    _____

    _____

5. Lee 2 Corintios 13:14.
    ¿Qué desea el Señor impartir a quienes tienen "oídos entrenados"? _____

    _____

    _____

DIOS QUIERE QUE CONFIEMOS EN ÉL

Quienes tienen sus oídos entrenados para oír lo que Dios dice tienen una genuina confianza en Dios. Están dispuestos a negar su propia voluntad y apartarse de sus propios pecados—sufriendo a veces al hacerlo—para seguir al Señor totalmente. Igual que un caballo que tiene el "oído entrenado", alerta a la voz de su amo, nosotros también debemos estar prestos a seguir al Señor en *todo* lo que Él nos guíe, y no solamente en lo que nos sintamos cómodos o aquello en que, por casualidad, estemos de acuerdo.

6. Lee Romanos 8:14-17 y Romanos 8:18.

a. ¿Cuál es la posición de quienes son guiados por el Espíritu? _____

_____

b. Como hijos de Dios, ¿cuál es nuestra posición con respecto a nuestro Padre celestial y su hijo Jesucristo?

_____

_____

c. ¿Qué necesitamos compartir si queremos compartir la gloria de Cristo? _____

_____

d. ¿Qué es indigno de compararse con nuestros sufrimientos en esta vida presente? _____

_____

_____

7. Lee Romanos 13:14 y Gálatas 5:17.
   a. ¿Con qué debemos revestirnos? _____

   _____

   b. ¿Para qué no debemos hacer provisión? _____

   _____

   c. ¿A qué se oponen los deseos de la carne? _____

   _____

   d. ¿A qué se oponen los deseos del Espíritu Santo? _____

   _____

   _____

   e. ¿Qué busca el Espíritu Santo evitar que hagamos?_____

   _____

   _____

DIOS QUIERE GOBERNAR NUESTRAS VIDAS

Dios quiere estar al mando de nuestras vidas. Cuando desarrollamos un oído entrenado y estamos siguiendo la dirección del Espíritu en obediencia, somos agradables al Señor y estamos en posición de recibir todo lo que Él desea derramar sobre nuestras vidas.

8. Lee 2 Corintios 3:5-8.
    a. ¿Qué nos imparte Dios para hacer que estemos "preparados" para ministrar a otros?_____
    _____
    _____

    b. La letra de la Ley mata, ¿pero qué hace el Espíritu Santo?
    _____
    _____

    c. ¿Qué nos hará hacer la dispensación del Espíritu Santo?
    _____
    _____

TIEMPO DE ORACIÓN

Al haber leído el Capítulo 7 y haber completado este capítulo del manual, ¿te ha hablado el Señor acerca de tu necesidad de desarrollar un "oído entrenado"?

Te invito a utilizar el espacio siguiente para escribir una oración al Señor, pidiéndole que te dé una conciencia más tierna y sensible, y que haga que tu intuición esté totalmente operativa. Expresa tu deseo de confiar en el Señor en grados aún mayores, y pídele que te ayude a dejar cualquier cosa en tu vida que esté evitando que tengas una completa confianza.

_____
_____
_____
_____
_____
_____

SEGUNDA PARTE

=

Aprende a obedecer

Mi madre y mis hermanos son los que oyen la palabra de Dios, y la hacen.

—JESÚS, EN LUCAS 8:18

8
La obediencia mantiene sensible nuestra conciencia

═══

Lee el Capítulo 8 de *Cómo oír a Dios*. Luego lee en tu Biblia los pasajes designados a continuación y responde las preguntas que siguen. Cuando hayas terminado, comprueba tus respuestas en la tabla de respuestas que está en la parte final de este libro.

CÓMO MANTENER SENSIBLE NUESTRA CONCIENCIA

Dios puede hablarnos en una amplia variedad de formas, pero si endurecemos nuestra conciencia, o nuestro corazón, negándonos a obedecerle cuando Él nos habla, perderemos la oportunidad de recibir bendiciones que quiere darnos. Cuando nuestra conciencia es sensible, sabemos con claridad cuando el Señor nos insta a no hacer algo. Debemos ser muy cuidadosos para hacer las cosas que mantengan sensible nuestra conciencia.

1. Lee Proverbios 3:6-7.
    ¿Qué es necesario que hagamos a fin de que Dios dirija nuestros caminos? _____
    _____
    _____

2. Lee Proverbios 8:13.
    a. ¿Qué incluyen el temor reverente y la adoración del Señor? _____
    _____
    _____
    b. Según este versículo, ¿qué odia el Señor? _____
    _____
    _____

3. Lee 1 Timoteo 4:1.

Si queremos mantener una conciencia sensible, ¿a qué debemos negarnos a prestar ninguna atención? _____

_____

_____

4. Lee Mateo 6:22-23.

   a. Si tu ojo es bueno, ¿cuál será el resultado?_____

   _____

   _____

   b. Si tu ojo es maligno, ¿cuál será el resultado? _____

   _____

   _____

5. Lee 2 Corintios 6:14.

   a. ¿Con quién debemos negarnos a estar en yugo de comunión?

   _____

   _____

   _____

   b. ¿De qué manera es imposible que una vida correcta y una posición correcta delante de Dios tengan comunión?_____

   _____

   _____

   c. ¿De qué manera es imposible que la luz tenga comunión?

   _____

   _____

   _____

6. Lee Hebreos 12:2.

   a. ¿De qué debemos apartarnos si queremos estar en la posición correcta para que Dios comience y termine en nosotros lo que Él desea lograr? _____

   _____

   _____

   b. ¿Cómo se describe a Jesús en este versículo?_____

   _____

   _____

c. ¿Qué hace Él a nuestra fe? _____

_____

_____

DIOS NOS HABLARÁ ACERCA
DE NUESTRAS RELACIONES

Conforme caminemos en obediencia y escuchemos al Espíritu Santo, Dios nos hablará acerca de nuestro matrimonio, nuestras amistades y nuestras asociaciones en los negocios. Él afilará nuestra capacidad de oír las cosas correctas por medio de estar con personas que practiquen el oír la voz de Dios y la obediencia a Él. Debemos someternos totalmente a la autoridad del Espíritu Santo, confiando en que Él nos hable directamente.

7. Lee Proverbios 27:17.
   ¿Qué sucede cuando "hierro con hierro se aguza?" _____

   _____

   _____

8. Lee 1 Corintios 2:12-15.
   a. ¿Qué espíritu *no* nos ha sido dado?_____

   _____

   b. ¿Para qué propósito se nos ha dado el Espíritu Santo?

   _____

   c. El nombre natural y no espiritual, ¿qué es incapaz de aceptar, dar la bienvenida o admitir en su corazón? _____

   _____

   d. ¿Por qué el hombre natural y no espiritual es incapaz de recibir esas cosas?_____

   _____

   e. ¿Qué hace el hombre espiritual?_____

   _____

9. Lee Romanos 8:6.
   a. En este versículo, ¿cómo se describen "los pensamientos de la carne"? _____

   _____

   _____

   b. En este versículo, ¿cómo se describen "los pensamientos del Espíritu Santo"? _____

   _____

   _____

DIOS NOS HABLARÁ ACERCA DE MANTENER CIERTO EQUILIBRIO

Si escuchamos al Espíritu Santo lograremos tener equilibrio en todas las áreas de nuestras vidas. Parte de vivir en obediencia es buscar una vida equilibrada que conduzca a la integridad. Una vida equilibrada es una vida muy abierta; no hay nada en ella que ocultar o por lo que disculparse.

10. Lee 1 Pedro 5:8.
    Porque el enemigo anda como león rugiente buscando a alguien a quien puede atrapar y devorar, ¿qué debemos ser?

    _____

    _____

11. Lee 2 Corintios 4:2.
    a. ¿A qué debemos renunciar conforme buscamos equilibrio en nuestras vidas? _____

    _____

    _____

    b. ¿A qué debemos negarnos conforme buscamos equilibrio en nuestras vidas? _____

    _____

    _____

    c. ¿Qué debemos hacer acerca de la verdad conforme buscamos equilibrio en nuestras vidas? _____

    _____

12. Lee Eclesiastés 3:1-8.

   a. ¿Qué dice este pasaje de la Escritura sobre el equilibrio del nacimiento y la muerte? _____

   _____

   _____

   b. ¿Qué dice este pasaje sobre los ciclos de la siembra y la cosecha? _____

   _____

   _____

   c. ¿Qué dice este pasaje sobre nuestro equilibrio emocional?

   _____

   _____

   _____

   d. ¿Qué dice este pasaje sobre nuestras alianzas?_____

   _____

   _____

   e. ¿Qué dice este pasaje sobre el equilibrio en nuestra comunicación? _____

   _____

   _____

13. Lee el Salmo 30:5.

   ¿Qué dice este pasaje sobre un equilibrio de gozo y tristeza en nuestras vidas? _____

   _____

   _____

14. Lee Isaías 53:5.

   ¿Qué dice este versículo sobre la paz y la sanidad que están relacionadas con una vida equilibrada? _____

   _____

   _____

TIEMPO DE ORACIÓN

Al haber leído el Capítulo 8 y haber completado este capítulo del manual, ¿te ha hablado el Señor acerca de asuntos de obediencia?

Te invito a utilizar el espacio siguiente para escribir una oración al Señor, pidiéndole que suavice tu corazón para que *quieras* obedecer. Pídele eso también para tus familiares y amigos cercanos. Pide al Señor que te revele maneras en las cuales Él desea que hagas ajustes en tus relaciones. Pide al Señor que te ayude a tener equilibrio y gozo en tu vida.

_____

_____

_____

_____

_____

_____

_____

_____

_____

_____

_____

_____

9
Podemos conocer sólo en parte

=

Lee el Capítulo 9 de *Cómo oír a Dios*. Luego lee en tu Biblia los pasajes designados a continuación y responde las preguntas que siguen. Cuando hayas terminado, comprueba tus respuestas en la tabla de respuestas que está en la parte final de este libro.

VER A TRAVÉS DE LA OSCURIDAD

Hay veces en que no podemos ver a través de la oscuridad que parece cernirse sobre nosotros. En esos momentos de resistencia y paciencia es cuando nuestra fe resulta exigida al máximo, y aprendemos a confiar en Dios aunque no podamos oír su voz con claridad. Cuando no sepamos qué hacer, es suficiente con conocer a Aquel que sí lo sabe.

1.   Lee 1 Corintios 1:8-9 y Mateo 28:20.
      a. ¿Qué nos asegura 1 Corintios 1:8-9? _____
      _____
      _____

      b. ¿Cuánto tiempo dijo Jesús que estaría con nosotros? _____
      _____
      _____
      _____

2.   Lee Isaías 42:16.
      ¿Cuál es la promesa de Dios para nosotros cuando nos sentimos "ciegos" en cuanto a dónde debemos ir o lo que Dios nos pueda estar dirigiendo a hacer? _____
      _____
      _____

3. Lee 1 Corintios 13:9-10 y 1 Corintios 13:13.

   a. ¿Cuál es el estado de nuestro conocimiento y profecía (enseñanza) según estos pasajes? _____

   _____

   _____

   b. ¿Cuál es la esperanza para el futuro de nuestra capacidad de entender todas las cosas? _____

   _____

   _____

   c. ¿Qué tres cosas permanecen aun cuando nuestro conocimiento y profecía sean fragmentarios? _____

   _____

   _____

DIOS NOS GUÍA DANDO UN PASO A LA VEZ

Con frecuencia, no hay manera en el mundo natural de conocer con seguridad si estamos dando un paso correcto o incorrecto. No tenemos nada más que la fe para ayudarnos a dar nuestro primer paso, pero aun si nos equivocamos, podemos confiar en que Dios tomará nuestro error y hará que obre para nuestro bien.

6. Lee Romanos 8:28.

   ¿Qué nos asegura Dios a quienes le amamos y somos llamados conforme a su propósito? _____

   _____

   _____

LA DIRECCIÓN DE DIOS PUEDE PARECER ILÓGICA

La seguridad de que estamos avanzando en la fe yace en nuestro corazón, y no en nuestras circunstancias. Una vez que tenemos una manifestación de lo que deseamos en nuestras circunstancias, ya no necesitamos fe en esa área.

7. Lee Hebreos 11:1.

a. ¿De que es la fe la certeza?_____

_____

b. ¿De qué es la fe la convicción?_____

_____

_____

SÉ DILIGENTE EN ESCUCHAR Y OBEDECER

Debemos ser diligentes en escuchar a Dios y obedecerlo en cada paso del camino. El plan de Dios se revela paso a paso, y por eso debemos tener fe en cada paso. No podemos saltarnos ningún paso que no nos guste o cualquiera que nos parezca difícil o requiera sacrificio. No debemos tener temor al sacrificio porque finalmente nos libera para ser todo lo que deseamos ser.

8. Lee el Salmo 37:23-24 y 2 Corintios 5:7.
   a. ¿Qué dice el Salmo 37:23 acerca de los pasos del hombre bueno?_____

   _____

   b. ¿Qué dice el Salmo 37:24 acerca de lo que sucede si el hombre bueno cae? _____

   _____

   _____

   c. Según 2 Corintios 5:7, ¿cómo debemos caminar? _____

   _____

   _____

   _____

TIEMPO DE ORACIÓN

Al haber leído el Capítulo 9 y haber completado este capítulo del manual, ¿ha hablado el Señor a tu corazón y tu mente acerca de tu fe?

Te invito a utilizar el espacio siguiente para escribir una oración al Señor, pidiéndole que te dé paciencia y fe a medida que confías en Él para que te guíe paso a paso. Pide al Señor que te guíe conforme das pasos en fe y realizas los actos que crees que Él quiere que realices; que te dé valor en lugar de temor, y diligencia para seguir caminando por fe.

_____

_____

_____

_____

_____

_____

_____

_____

_____

_____

10
Dios abre y cierra las puertas de la oportunidad

===

Lee el Capítulo 10 de *Cómo oír a Dios*. Luego lee en tu Biblia los pasajes designados a continuación y responde las preguntas que siguen. Cuando hayas terminado, comprueba tus respuestas en la tabla de respuestas que está en la parte final de este libro.

PUERTAS ABIERTAS Y CERRADAS

A veces, Dios habla abriendo o cerrando una puerta a algo que queremos hacer.

1. Lee Proverbios 16:9 y Salmo 37:23.
    a. ¿Qué planea la mente del hombre? _____
    _____

    b. ¿Quién dirige los pasos del hombre y los asegura? _____
    _____

    c. Según el Salmo 37:23, ¿los pasos de quién dirige y establece el Señor? _____
    _____

    d. ¿Cuando son los pasos del justo dirigidos y establecidos por el Señor? _____
    _____
    _____

2. Lee Apocalipsis 3:7.

¿Qué nos dice este versículo sobre el poder del Señor para abrir y cerrar puertas en nuestra vida? _____

_____

_____

_____

3. Lee 1 Corintios 16:9.
   a. En este versículo, ¿qué dijo el apóstol Pablo que se le había abierto a él?_____

   _____

   _____

   b. ¿Qué dijo Pablo que también encontraría allí? _____

   _____

   _____

EVALÚA TUS POSIBILIDADES

No se puede conducir un automóvil estacionado. Necesitas ponerte en movimiento si quieres que Dios te muestre el camino que debes tomar. Él nos guía un paso a la vez; si das un paso adelante y vas en dirección equivocada, Él te lo hará saber antes de que llegues demasiado lejos. Da un paso y descubre cuáles son las puertas que Dios abrirá y cuáles cerrará.

4. Lee Hechos 16:6-8.
   a. En este pasaje, ¿dónde intentaban ir Pablo y Silas? _____

   _____

   _____

   b. ¿Qué evitó que proclamaran la Palabra en Asia? _____

   _____

   _____

   c. ¿Qué evitó que fueran a Bitinia?_____

   _____

   _____

   d. ¿Dónde les permitió ir el Espíritu Santo? _____

   _____

   _____

LOS CAMINOS DE DIOS NO SON NUESTROS CAMINOS

Hay ciertas cosas que Dios debe hacer para que salgamos adelante. Podemos manejar algunas cosas, pero no todas. Guiarse solo por las circunstancias puede, definitivamente, acarrearnos serios problemas. Satanás puede acomodarlas tan bien como Dios lo hace, porque el diablo tiene acceso a este ámbito natural. Por tanto, si solo tenemos en cuenta las circunstancias sin considerar las otras formas de oír a Dios, esto puede conducirnos a engaño. El deseo intenso y la lujuria pueden engañar fácilmente a las personas, conduciéndolas a llegar a conclusiones que son contrarias a la Palabra de Dios. Nunca debemos ir en contra de la Palabra de Dios; debemos ser guiados por la paz y caminar en sabiduría. También somos sabios si combinamos métodos bíblicos de ser guiados por el Espíritu, permitiendo que sirvan como comprobación los unos de los otros.

5. Lee Isaías 55:8.
    En este versículo, ¿qué dice Dios acerca de sus pensamientos y sus caminos y de nuestros pensamientos y nuestros caminos? _____

    _____

    _____

6. Lee 2 Pedro 2:9-10.
    a. ¿En qué cosa debemos siempre confiar en el Señor para que nos libre de ella?_____

    _____

    _____

    b. ¿En qué debemos confiar que el Señor hará con respecto a los impíos que nos rodean?_____

    _____

    _____

    c. ¿Acerca de quién debemos confiar en que el Señor lo tratará particularmente? _____

    _____

7. Lee 1 Juan 2:16.

¿Qué tipo de cosas provienen del mundo en lugar de venir del Padre? _____

_____

_____

TIEMPO DE ORACIÓN

Al haber leído el Capítulo 10 y haber completado este capítulo del manual, ¿ha hablado el Señor a tu corazón y tu mente sobre puertas concretas que Él puede estar abriendo o cerrando en tu vida?

Te invito a utilizar el espacio siguiente para escribir una oración al Señor, pidiéndole que te revele todas las opciones que están ante ti y que te ayude a discernir el camino que Él ha escogido para que tú andes en él.

_____

_____

_____

_____

_____

_____

_____

_____

_____

_____

_____

11
Obstáculos para oír a Dios

===

Lee el Capítulo 11 de *Cómo oír a Dios*. Luego lee en tu Biblia los pasajes designados a continuación y responde las preguntas que siguen. Cuando hayas terminado, comprueba tus respuestas en la tabla de respuestas que está en la parte final de este libro.

CÓMO MANTENER SENSIBLES NUESTRAS CONCIENCIAS

Dios intenta hablarnos por medio de su Palabra, las evidencias naturales, la revelación sobrenatural y la confirmación interna; no obstante, existen obstáculos para oír la voz de Dios que necesiten ser quitados de nuestro corazón. Uno de esos obstáculos es estar demasiado ocupados para oír lo que el Señor dice; otro es estar demasiado ansiosos o cargados para escuchar con atención.

1. Lee Lucas 10:38-42.
   a. ¿Dónde se sentó María y que hacía? _____
   _____
   _____

   b. ¿Qué hacía Marta? _____
   _____
   _____

   c. ¿Qué le dijo Jesús a Marta cuando ella se quejó a Él sobre María? _____
   _____
   _____

   d. ¿Qué dijo Jesús con respecto a María? _____
   _____
   _____

2. Lee Filipenses 4:6-7.

a. ¿Qué nos aconseja Pablo que no hagamos? _____

_____

b. ¿Qué nos aconseja Pablo que hagamos en cambio? _____

_____

LAS IDEAS RELIGIOSAS NOS IMPIDEN OÍR A DIOS

La actividad religiosa—basada en fórmulas y buenas obras para ganar el favor de Dios—puede impedirnos oír a Dios. Jesús no murió para que tuviéramos una religión; Él murió para que por su intermedio pudiéramos ser uno con Dios, para que pudiéramos disfrutar de una relación personal y profunda con el Dios Trino: Padre, Hijo y Espíritu Santo. Las personas pueden hacer "buenas obras" y, sin embargo, hacer caso omiso a los mandamientos de Dios si no pasan tiempo con Él y escuchan sus instrucciones.

3. Lee Mateo 23:23-28.
   a. ¿Qué dijo Jesús que habían pasado por alto y omitido los fariseos? _____

   _____

   b. Aun cuando los fariseos guardaban todos los rituales externos relacionados con la limpieza de los vasos, ¿de qué dijo Jesús que estaban llenos los fariseos?_____

   _____

   c. ¿Cómo dijo Él que se veían los fariseos por fuera? _____

   _____

   d. En realidad, ¿cuál dijo Jesús que era el estado de los fariseos por dentro?_____

   _____

4. Lee Mateo 11:28-30.

a. ¿Qué dijo Jesús a quienes sufrían de "agotamiento espiritual"?

_____

_____

b. ¿Qué nos dijo Jesús que tomáramos? _____

_____

c. ¿Qué dijo Jesús que debemos aprender?_____

_____

d. ¿Cómo describió Jesús su propia naturaleza?_____

_____

e. ¿Cuál dijo Jesús que sería el resultado de que tomáramos su yugo y aprendiéramos de Él? _____

_____

f. ¿Cómo describió Jesús su yugo?_____

_____

g. ¿Cómo describió Jesús su carga? _____

_____

_____

5. Lee Mateo 7:20-23.
   a. ¿Cómo se conoce plenamente a las personas? _____

_____

   b. Según este pasaje, ¿quién entra en el reino de los cielos?

_____

_____

   c. ¿A quién no conocerá el Señor, aunque ellos hayan profetizado o expulsado demonios en su nombre? _____

_____

_____

OÍR A DIOS ESTÁ ARRAIGADO EN UNA RELACIÓN CON ÉL, NO EN LA RELIGIÓN

El que oigamos a Dios está arraigado en tener una relación con Él. Si no estás seguro de tener una relación con Dios—si nunca has reconocido a Jesús como el Señor de tu vida—, puedes comenzar esa relación hoy.

6. Lee Juan 3:16.
    ¿Cuál es el futuro eterno de la persona que cree en Jesús como Hijo de Dios? _____
    _____
    _____

7. Lee Efesios 2:8-9.
    a. ¿Por medio de qué somos salvos?_____
    _____
    b. ¿Mediante qué somos salvos?_____
    _____
    c. Nuestra salvación no es un resultado de nosotros mismos, de nuestros esfuerzos o de nuestras obras, sino ¿de qué?
    _____
    _____
    _____

8. Lee Romanos 10:9-10.
    a. Según el versículo 9, somos salvos porque hacemos, ¿qué?
    _____
    b. Según el versículo 10, ¿qué hacemos con nuestro corazón?
    _____
    c. ¿Qué hacemos con nuestra boca? _____
    _____
    _____

9. Lee 1 Juan 1:9, 1 Juan 4:14-16 y 1 Juan 5:1, 12, 13.

   a. Cuando admitimos libremente que hemos pecado y confesamos nuestros pecados, ¿qué promete Dios hacer?

   _____

   _____

   b. ¿Con quién mora Dios?_____

   _____

   c. ¿Qué le sucede a la persona que permanece y continúa en amor? _____

   _____

   d. ¿Quién es un "hijo de Dios nacido de nuevo"? _____

   _____

UN CORAZÓN ENDURECIDO NOS IMPIDE OÍR A DIOS

Cuando entregamos nuestra vida a Dios, Él pone un sentido de lo bueno y de lo malo en lo profundo de nuestra conciencia. Si nos rebelamos demasiadas veces contra ella, corremos el riesgo de que nuestro corazón se endurezca y, si eso sucede, necesitaremos que Dios lo ablande para poder ser espiritualmente receptivos a la dirección del Espíritu Santo.

10. Lee Ezequiel 11:19-20 y Ezequiel 36:26.

    a. En Ezequiel 11:19, ¿cuál fue la promesa de Dios a las personas con respecto a su corazón y su espíritu? _____

    _____

    b. En este versículo, ¿cuál fue la promesa de Dios a las personas con respecto a su corazón *de piedra*? _____

    _____

    _____

c. En el versículo 20, ¿qué hace Dios que hagamos cuando tenemos un nuevo corazón, un nuevo espíritu y al Espíritu de Dios en nuestro interior? _____

_____

_____

11. Lee Mateo 19:1-9.

En este pasaje, ¿por qué dijo Jesús que Moisés permitió a los esposos que repudiaran a sus esposas y se divorciaran de ellas? _____

_____

_____

12. Lee Hebreos 3:7-13.

a. ¿Qué nos aconseja el Espíritu Santo que no hagamos?

_____

_____

_____

b. ¿Qué conduce a hacer a una persona un corazón malvado e incrédulo? _____

_____

_____

c. ¿Qué endurece nuestro corazón? _____

_____

_____

UN PUNTO DE VISTA MUNDANO
NOS IMPIDE OÍR A DIOS

Debemos estar constantemente vigilantes para no volvernos como el mundo en nuestras actitudes y modo de obrar. Debemos guardarnos de llegar al punto de no tener empatía cuando oímos relatos de tragedias reales o de cosas terribles que les suceden a otros. No deberíamos poner énfasis en los relatos del mundo ni conformarnos a sus puntos de vista. Necesitamos escuchar lo que Dios dice acerca de los sucesos presentes de nuestra vida, y orar de la manera en que Dios nos guíe para interceder por otros que son afectados por ellos.

13. Lee Juan 17:13-18.
    a. Jesús no pidió que fuéramos quitados del mundo; por el contrario, ¿qué le pidió Él a su Padre? _____
_____
_____

    b. ¿Qué hace la Verdad—la Palabra de Dios—en nosotros?
_____
_____
_____

14. Lee Romanos 12:2.
    a. ¿A qué *no* debemos conformarnos? _____
_____

    b. ¿En qué área de nuestra vida debemos ser transformados?
_____
_____

15. Lee Lucas 4:18.
    ¿Qué dijo Jesús que Él era llamado a predicar? _____
_____
_____

LA FALTA DE PERDÓN NOS IMPIDE OÍR A DIOS

Sufrir abuso durante un tiempo prolongado puede hacer que una persona endurezca su corazón como táctica de supervivencia. La insensibilización al dolor ayuda a la víctima a sobrevivir a ese abuso. Pero el bloqueo de las emociones, si se prolonga durante años, termina por cobrarse un precio en la salud de las personas. Una víctima de abuso debe negarse a permanecer en atadura emocional; él o ella deben rechazar la amargura y la dureza de corazón.

16. Lee Efesios 4:30-32.

a. ¿Qué no debemos hacer al Espíritu Santo?_____

_____

_____

b. ¿Qué necesitamos quitar de nuestras vidas? _____

_____

_____

c. ¿Qué debemos llegar a ser?_____

_____

_____

d. ¿De qué manera debemos perdonar a otros?_____

_____

_____

EL LEGALISMO BLOQUEA NUESTROS OÍDOS A LA VOZ DE DIOS

Una mentalidad legalista sostiene que todos tienen que hacer exactamente lo mismo, de la misma manera, siempre. Por el contrario, el Espíritu de Dios nos guía individualmente, y a veces de una forma creativa y única. En Cristo, fuimos hechos libres de la manipulación de personas intolerantes, semejantes a los fariseos, gente que cree que su modo de hacer las cosas es el único. Esto no significa que no tengamos que guardar los mandamientos y principios de Dios; tampoco significa que podamos tener una "interpretación privada" de la Palabra de Dios. Por el contrario, la libertad que Cristo nos da significa que somos libres para ser individuos en nuestras expresiones personales de alabanza; libres de la competición y la comparación con otros, libres del egoísmo y el pecado, y libres del temor a lo que los demás piensen de nosotros. Somos libres para estar abiertos y receptivos a los nuevos métodos y medios de Dios de lograr sus planes y sus propósitos.

17. Lee 2 Pedro 1:20.
    ¿Qué no debería ser nunca una profecía de la Escritura?

_____

_____

_____

18. Lee Isaías 61:1.
    Debido a que el Espíritu del Señor estaba sobre Jesús, ¿para qué cosas lo ungió y lo capacitó Dios? _____
    _____
    _____

19. Lee 2 Corintios 3:17.
    ¿Qué encontramos donde "está el Espíritu del Señor"?
    _____
    _____
    _____

20. Lee Juan 8:36.
    ¿Cuándo somos realmente e incuestionablemente libres?
    _____
    _____
    _____

LA GRACIA QUITA LOS OBSTÁCULOS PARA OÍR A DIOS

El pacto de gracia que tenemos por medio de Jesucristo nos da libertad para acercarnos a Dios directamente y para oírlo personalmente. Ser libres del legalismo no significa que ya no necesitemos considerar cómo puede influenciar nuestra conducta a otras personas. Debido a que hemos experimentado la gracia de Dios en nuestras vidas, debemos vivir de tal manera que aliente e influencia a otros para recibir la gracia de Dios en sus vidas.

21. Lee Romanos 14:12-15 y 19.
    a. En el versículo 12, ¿ante quién se demanda que cada uno dé cuentas de sí mismo? _____
    _____
    _____

b. En el versículo 13, ¿qué nos dice el apóstol Pablo que no hagamos?_____

_____

_____

c. En ese versículo, ¿qué nos dice Pablo que decidamos y emprendamos? _____

_____

_____

d. En el versículo 15, ¿en qué punto ya no estamos andando en amor? _____

_____

_____

e. Según el versículo 19, ¿qué debemos seguir y perseguir?

_____

_____

22. Lee Hebreos 10:19-22.

a. ¿Sobre qué base tenemos plena libertad y confianza para entrar en el Lugar Santísimo? _____

_____

_____

b. ¿De qué manera debemos acercarnos a Dios? _____

_____

_____

c. ¿De qué han sido purificados nuestros corazones?

_____

_____

TIEMPO DE ORACIÓN

Al haber leído el Capítulo 11 y haber completado este capítulo del manual, ¿ha hablado el Señor a tu corazón y tu mente sobre obstáculos concretos que estén bloqueando tu capacidad de oír a Dios con claridad? ¿Has sentido una convicción especial acerca de sustituir la actividad religiosa por una relación íntima con el Señor? ¿Has sentido una convicción especial acerca de la dureza de corazón, un punto de vista mundano, albergar falta de perdón y amargura, o legalismo?

Te invito a utilizar el espacio siguiente para escribir tu propia oración al Señor, pidiéndole que te ayude a tratar con los obstáculos concretos que ves en tu propia vida, y pídele que te libere para andar en la plenitud de su gracia.

_____

_____

_____

_____

_____

_____

_____

_____

_____

_____

_____

_____

12
Mantén tu receptor libre de interferencias

=

Lee el Capítulo 12 de *Cómo oír a Dios*. Luego lee en tu Biblia los pasajes designados a continuación y responde las preguntas que siguen. Cuando hayas terminado, comprueba tus respuestas en la tabla de respuestas que está en la parte final de este libro.

LA CONFIANZA EN DIOS ACTIVA NUESTROS RECEPTORES

Muchos *quieren* oír a Dios, pero realmente no *esperan* que Él les hable. Otros tienen demasiada "interferencia en sus receptores" para poder oírlo con claridad. El engañador—el diablo—no quiere que pensemos que podemos oír a Dios, y no quiere que creamos; por tanto, hace todo lo que puede para abarrotar nuestros oídos de demasiados mensajes que provengan de fuentes impías. Debemos obedecer a Dios en cuanto a *buscar* oír su voz.

1. Lee el Salmo 40:6.
    ¿Qué capacidad nos ha dado Dios?_____
    _____
    _____

2. Lee Proverbios 1:24-29.
    a. Según este pasaje, ¿qué hicimos cuando Dios nos llamó?
    _____
    _____

    b. ¿Cómo respondimos a la mano extendida de Dios?
    _____
    _____

c. ¿Cómo respondimos al sabio consejo de Dios? _____

_____

_____

d. ¿Cómo respondimos a la represión de Dios? _____

_____

_____

3. Lee Isaías 11:2-5.

a. ¿Cuál es la naturaleza del Espíritu que reposó sobre Cristo Jesús y que reposa sobre nosotros hoy? _____

_____

_____

b. ¿Qué hace el Espíritu a nuestro entendimiento y nuestros deseos? _____

_____

_____

c. ¿De qué manera es la persona que oye al Espíritu capaz de juzgar y tomar decisiones? _____

_____

_____

d. En este pasaje, ¿cuáles son los dos "cintos" que envuelven la vida de la persona que tiene el Espíritu del Señor?

_____

_____

LA OBEDIENCIA ACTIVA NUESTROS RECEPTORES

Es necesario que oremos y obedezcamos la guía de Dios. Nuestra obediencia no debe ser un acto ocasional, sino nuestra manera de vivir. Dios derrama bendiciones abundantes sobre los que deciden vivir para Él de todo corazón, haciendo de la obediencia su estilo de vida. Nuestros objetivos deberían ser prestar atención a la Palabra de Dios y obedecerla.

4. Lee Proverbios 1:23.

¿Qué promete el Señor a quienes se vuelven y prestan atención a su reprensión? _____

_____

_____

5. Lee Proverbios 1:24-33.
   a. Según este pasaje, ¿cómo respondimos al conocimiento de Dios? _____

   _____

   _____

   b. ¿Qué no escogimos? _____

   _____

   _____

   c. ¿Cuáles son las consecuencias para quienes se alejan de la reverencia hacia el conocimiento, consejo y reprensión de Dios? _____

   _____

   _____

   d. ¿Cuáles son las recompensas para quienes escuchan la sabiduría de Dios?_____

   _____

   _____

6. Lee Juan 14:23.
   a. ¿Qué hará la persona que ama realmente a Jesús?

   _____

   _____

   _____

   b. ¿Cuál es la bendición para la persona que ama a Jesús y guarda su palabra, obedeciendo sus enseñanzas? _____

   _____

   _____

LA GRATITUD ACTIVA NUESTROS RECEPTORES

La voluntad general de Dios para todos nosotros es que le demos gracias en todo. Podemos apagar al Espíritu Santo mediante nuestras quejas, pero cuanto más agradecidos seamos, más libertad tiene el Espíritu Santo para obrar en nuestra situación.

7. Lee 1 Tesalonicenses 5:18.

   ¿Qué dice este versículo que es la voluntad de Dios para todos nosotros que estamos en Cristo Jesús? _____

   _____

   _____

8. Lee 1 Tesalonicenses 5:19.

   ¿Qué no debemos nunca apagar, someter o suprimir en nuestras vidas? _____

   _____

   _____

PEDIRLE RESPUESTAS A DIOS ACTIVA
NUESTROS RECEPTORES

Debemos pedirle a Dios su sabiduría: sus respuestas, sus soluciones, su guía. Debemos pedir con fe y con confianza, pues Él responderá. Una persona que pida de esa manera es la persona con más probabilidad de escuchar atentamente las respuestas de Dios.

9. Lee Santiago 1:5-6.

   a. ¿Qué debemos hacer cuando reconocemos que nos falta sabiduría? _____

   _____

   _____

   b. ¿De qué manera da Dios su sabiduría? _____

   _____

   _____

c. ¿Cómo debemos pedir sabiduría? _____

_____

_____

LA ATENCIÓN SINCERA Y DE TODO CORAZÓN ACTIVA NUESTROS RECEPTORES

Muchos cristianos solo tienen la mitad de su corazón interesado en buscar a Dios. Ellos quieren que Dios les dé su protección, pero no quieren hacer el sacrificio de tiempo y de dedicación necesario para crecer en el conocimiento de Él y de su Palabra, y tampoco dedican tiempo a la oración. Debemos buscar al Señor *de todo corazón*. Nuestra total atención en Dios mantendrá nuestros receptores libres de interferencias a fin de que podamos recibir todo lo bueno que Él intenta darnos.

10. Lee el Salmo 119:2.
    En este versículo, ¿quiénes son bienaventurados? _____

    _____

    _____

11. Lee el Salmo 119:10 y 34.
    a. En el Salmo 119:10, ¿cómo buscaba el salmista al Señor?

    _____

    b. ¿Cuál era la petición que el salmista le hacía a Dios?

    _____

    c. En el versículo 34, ¿cuál fue la promesa que le hizo el salmista a Dios? _____

    _____

    _____

UN CORAZÓN LIMPIO MANTIENE NUESTROS RECEPTORES LIBRES DE INTERFERENCIAS

Si la desobediencia está empañando nuestra conciencia, es tiempo de quitar esa interferencia de nuestro receptor. Para mantener nuestro corazón puro delante del Señor necesitamos que Cristo establezca su hogar en nuestro corazón y que nuestros deseos sean los suyos. Para mantener un corazón puro debemos mantener nuestro corazón libre de pecado y culpabilidad, guardarnos atentamente de lo que escuchamos, buscar solamente la verdad de Dios y evitar todo contacto con lo oculto. Debemos reconocer que no podemos servir a dos señores: no podemos seguir al Señor y a la vez seguir los deseos de la carne. Debemos buscar vivir con los más altos estándares de moralidad.

12. Lee Mateo 5:8.
    ¿Qué prometió Jesús a quienes tienen corazones puros?

    _____

    _____

    _____

13. Lee 1 Juan 3:21-22.
    a. ¿Qué tenemos si no hay nada en nuestra conciencia que nos acuse o que nos haga sentirnos culpables o condenados?

       _____

       _____

       _____

    b. ¿Cuál es la recompensa de quienes obedecemos vigilantemente las órdenes de Dios y seguimos su plan para nosotros, y practicamos lo que a Él le agrada?

       _____

       _____

       _____

14. Lee Marcos 4:24.
    a. ¿Sobre qué nos advirtió Jesús con respecto a las cosas que escuchamos? _____

       _____

    b. ¿Qué determina la medida de gracia y de conocimiento que recibimos del Señor? _____

       _____

15. Lee 2 Timoteo 4:3-4.

    a. ¿Qué tipos de maestros busca la gente cuando se aparta de la instrucción sana y completa y desarrolla un deseo solamente de enseñanza que sea agradable y gratificante?

    _____

    _____

    _____

    b. Cuando la gente se aparta de oír la verdad, ¿qué sucede?

    _____

    _____

    _____

16. Lee Levítico 19:31 y Levítico 20:6-7.

    a. ¿A quién *no* debemos acudir nunca? _____

    _____

    _____

    b. ¿Qué dice Dios que hará a la persona que acuda a quienes tienen espíritus familiares y a adivinos? _____

    _____

    _____

17. Lee Lucas 16:13.

    a. ¿Qué es lo que Jesús dice que es imposible para un siervo?

    _____

    _____

    _____

    b. ¿Por qué es así? _____

    _____

    _____

18. Lee Efesios 5:3-5.

    a. ¿Qué no debería nombrarse entre el pueblo consagrado de Dios? _____

    _____

    _____

b. ¿Qué conducta se considera que "no conviene" al pueblo de Dios? _____

_____

_____

c. ¿Qué puede causar que una persona no tenga herencia alguna en el reino de Cristo y de Dios? _____

_____

_____

QUITA TU SINTONÍA DE LA VOZ DEL ENGAÑO

Dios nos da discernimiento para reconocer su voz entre las voces engañosas. Si pertenecemos verdaderamente a Dios, *distinguiremos* su voz del espíritu de error. Sabremos que lo que hemos oído es contrario a su Palabra, o a la sabiduría, o al sentido común. Por nuestra parte, debemos leer y prestar atención a la Palabra de Dios.

19. Lee Proverbios 4:20-27.
    a. ¿Qué debemos hacer a las palabras de Dios? _____

    _____

    _____

    b. ¿Qué debemos hacer en cuanto a sus dichos?_____

    _____

    _____

    c. ¿Dónde debemos guardar sus palabras y sus dichos?

    _____

    _____

    _____

    d. ¿Qué producen en nosotros las palabras de Dios? _____

    _____

    _____

    _____

    e. ¿Cómo debemos guardar nuestro corazón? _____

    _____

    _____

f. ¿Qué debemos apartar de nosotros? _____
_____

g. ¿Qué debemos alejar de nosotros? _____
_____

h. ¿Cómo debemos enfocar nuestra mente y nuestro corazón?
_____
_____

i. ¿Cómo debemos practicar nuestra fe en Dios?_____
_____
_____

j. ¿Hacia qué no debemos caminar nunca o entrar?_____
_____
_____

20. Lee 2 Corintios 3:18.
¿Qué sucede conforme continuamos contemplando la Palabra de Dios? _____
_____
_____

TIEMPO DE ORACIÓN

Al haber leído el Capítulo 12 y haber completado este capítulo del manual, ¿ha hablado el Señor a tu corazón y tu mente sobre cosas concretas que estén causando interferencias en tu capacidad para creer que Dios quiere hablarte, o en tu capacidad para oír con claridad lo que Él dice? ¿Has sentido una convicción especial acerca de maneras en que puedas haber hecho "oídos sordos" a su represión o corrección en tu vida?

Te invito a utilizar el espacio siguiente para escribir una oración al Señor, pidiéndole que te ayude a tratar con las cosas que puedan estar evitando que creas plenamente que Él desea hablarte, o que te ayude a tratar con esas cosas que pueden estar evitando que oigas a Dios con claridad.

13
Santifica tus oídos para el Señor

Lee el Capítulo 13 de *Cómo oír a Dios*. Luego lee en tu Biblia los pasajes designados a continuación y responde las preguntas que siguen. Cuando hayas terminado, comprueba tus respuestas en la tabla de respuestas que está en la parte final de este libro.

DIOS DESEA SANTIFICAR TODOS LOS ASPECTOS DE NUESTRA VIDA

Muchos no entienden que somos seres tripartitos: espíritu, alma y cuerpo. Somos un espíritu, tenemos un alma y vivimos en un cuerpo. Dios promete cuidar de cada una de las tres partes que nos hacen quienes somos. Jesús nos compró—todos los aspectos de nosotros—con el precio de su sangre derramada en la cruz.

1. Lee 1 Tesalonicenses 5:23-24.
   a. ¿Qué significa ser santificado "por completo"? _____
   _____
   _____

   b. ¿Qué es lo que Pablo desea que sea preservado "irreprensible"?_____
   _____
   _____

2. Lee Gálatas 5:16-17.
   a. ¿Cómo debemos andar y vivir habitualmente?_____
   _____
   _____

   b. Si andamos y vivimos en el Espíritu Santo, ¿qué no haremos? _____
   _____
   _____

3. Lee Romanos 14:17.
    En este versículo, ¿qué dice Pablo que es el reino de Dios?

    _____

    _____

    _____

4. Lee Jeremías 6:10.
    a. ¿Qué significa tener oídos "no circuncidados"? _____

    _____

    _____

    b. ¿En qué se ha convertido la Palabra de Dios para quienes
    tienen oídos no circuncidados? _____

    _____

    _____

5. Lee Juan 5:30.
    a. ¿Qué dijo Jesús acerca de su dependencia de Dios? _____

    _____

    _____

    _____

    b. ¿Por qué dijo Jesús que su juicio era recto y justo?

    _____

    _____

    _____

PÍDELE A DIOS QUE SANTIFIQUE Y CIRCUNCIDE TUS OÍDOS

Santificar significa apartar para un propósito sagrado. *Circuncidar* significa cortar la carne. Al pedirle a Dios que santifique y circuncide tus oídos, le estás pidiendo que los haga receptivos para oír lo que es santo y justo y que quite toda tentación mundana que te distrae del plan mayor que Él tiene para tu vida. En otras palabras, pídele a Dios que te dé oídos que oigan lo que Él quiere decir, no lo que tú quieres oír.

6. Lee Éxodo 29:20-22.

Santifica tus oídos para el Señor

Ver la página 225 de *Cómo oír a Dios* con respecto al significado del "lado derecho" y de las partes del cuerpo que se mencionan en este pasaje.

a. ¿Qué significaba que se pusiera sangre en el borde de la oreja derecha del sacerdote? _____

_____

_____

b. ¿Qué significaba que se pusiera sangre en el pulgar de la mano derecha del sacerdote? _____

_____

_____

c. ¿Qué significaba que se pusiera sangre en el dedo gordo del pie derecho del sacerdote? _____

_____

_____

d. ¿Por qué somos ungidos con la sangre derramada de Jesús en nuestras orejas, manos y pies? _____

_____

_____

7. Lee Apocalipsis 1:56.
a. Por su sangre derramada, ¿qué nos hizo Jesús? _____

_____

_____

b. ¿Qué debemos darle a Jesús como sus sacerdotes, capacitados para oír con claridad, hacer lo recto e ir donde Él nos guíe?_____

_____

_____

UN OÍDO SANTIFICADO OYE EL PLAN DE DIOS

Necesitamos ser conscientes del ámbito espiritual de nuestras vidas y oír lo que el Espíritu Santo nos dice. Él ha aclarado el tema de la eternidad en su Palabra. Parece sabio conocer lo más posible acerca de nuestra vida espiritual, ya que pasaremos más tiempo en nuestros cuerpos espirituales en el cielo que el que pasaremos en nuestros cuerpos físicos en esta vida.

8. Lee 1 Corintios 15:39-44.
   a. Según 1 Corintios 15:42, ¿cuál es la naturaleza del cuerpo terrenal? _____

   _____

   _____

   b. ¿Cuál es la naturaleza del cuerpo resucitado? _____

   _____

   _____

   _____

   c. ¿Según el versículo 43, ¿con qué cualidades se siembra el cuerpo terrenal? _____

   _____

   _____

   d. ¿Con qué cualidades se levanta el cuerpo resucitado?

   _____

   _____

   _____

9. Lee 2 Corintios 4:18.
   a. ¿Cuál es la naturaleza de las cosas visibles?_____

   _____

   _____

   b. ¿Cuál es la naturaleza de las cosas invisibles? _____

   _____

   _____

ESCUCHAR Y OBEDECER DETERMINA NUESTRO DESTINO ETERNO

La eternidad es para siempre, y la parte espiritual del hombre vive para siempre, ya sea en el cielo o en el infierno. Vivir en el infierno es vivir en total separación de la presencia de Dios, lo cual significa estar completamente alejados de toda forma de bienestar, gracia, provisión, protección y, lo que es más terrible, de toda comunión íntima. No hay nada de más valor en que invertir nuestro tiempo que aprender a oír la voz de Dios hablar a nuestro espíritu a fin de poder estar preparados para vivir con Él para siempre.

10. Lee 1 Tesalonicenses 4:16-18.
    a. ¿Quiénes resucitarán primero? _____
    _____
    _____

    b. ¿Quiénes se encontrarán con el Señor en las nubes junto con los muertos resucitados? _____
    _____
    _____

    c. ¿Por qué debemos recordarnos unos a otros este evento que llegará? _____
    _____
    _____

11. Lee Hebreos 4:12.
    a. ¿Cuál es la naturaleza de la Palabra que Dios habla?
    _____
    _____
    _____

    b. Al ser más afilada que una espada de doble filo, ¿cuán profundamente penetra la Palabra de Dios? _____
    _____
    _____

    c. ¿Qué saca a la luz, examina, analiza y juzga? _____
    _____
    _____

DIOS RESTAURA NUESTRA ALMA

Nuestra alma no nos dice qué es lo que Dios quiere; simplemente expresa lo que conoce acerca de nuestros propios deseos. Nuestra alma nos dice lo que sentimos; nuestro espíritu nos dice cómo siente Dios. Nuestra alma también nos dice lo que *nosotros* pensamos, no lo que Dios piensa. Al comunicarnos con Dios en nuestro espíritu, puede realizarse una obra que transforme nuestra alma para que piense como Cristo.

12. Lee el Salmo 23:1-3.
   a. Cuando el Señor es nuestro Pastor, ¿cuál es el estado de nuestro ser? _____
   _____
   _____

   b. ¿Qué hace nuestro Pastor que hagamos como ovejas suyas?
   _____
   _____
   _____

   c. ¿Dónde nos guía nuestro Pastor como ovejas suyas?
   _____
   _____
   _____

   d. Como ovejas suyas, ¿qué hace nuestro Pastor por nuestra vida (nuestro ser)?_____
   _____
   _____

   e. ¿Junto a qué senderos nos conduce nuestro Pastor como ovejas suyas? _____
   _____
   _____

13. Lee Filipenses 2:12.
   ¿Con qué tipo de actitud debemos buscar cultivar nuestro crecimiento espiritual? _____
   _____
   _____

DIOS DESPIERTA NUESTRO ESPÍRITU
DENTRO DE NOSOTROS

Nos comunicamos con Dios a través de nuestro espíritu; nuestro espíritu percibe intuitivamente la presencia de Dios, y recibe revelación cuando hay una manera mejor de hacer algo. Nuestra conciencia también es parte de nuestro hombre espiritual. Cuando nuestro espíritu es despertado al conocimiento de Dios, podemos tener comunión con Él y recibir respuestas a través de nuestra intuición y nuestra conciencia. El espíritu y el alma deberían obrar juntos, y el cuerpo debería actuar como siervo de ambos.

14. Lee Juan 4:24.
    ¿Cómo debemos adorar a Dios, un Ser espiritual? _____
    _____
    _____

15. Lee Mateo 26:41.
    a. ¿Qué debemos hacer a fin de no entrar en tentación?
    _____
    _____
    _____

    b. El espíritu puede que esté dispuesto, ¿pero cuál es la naturaleza de la carne? _____
    _____
    _____

16. Lee Isaías 11:1-3.
    a. ¿Cuál es la naturaleza del Espíritu del Señor? _____
    _____
    _____

    b. ¿Qué produce el Espíritu del Señor en una persona?
    _____
    _____
    _____

17. Lee Mateo 26:38-39.

    a. ¿Cuál era la naturaleza del alma de Jesús cuando oró en el huerto de Getsemaní? _____

_____

    b. Aun con un alma triste y profundamente angustiada, ¿cómo oró Jesús? _____

_____

18. Lee el Salmo 77:6.

    a. ¿Qué trajo a la memoria el salmista en la noche?_____

_____

_____

    b. ¿Qué hizo el salmista con su corazón? _____

_____

    c. ¿Qué hacía el espíritu del salmista? _____

_____

_____

TIEMPO DE ORACIÓN

Al haber leído el Capítulo 13 y haber completado este capítulo del manual, ¿ha hablado el Señor a tu corazón y tu mente sobre cosas concretas que puedan estar impidiendo que tengas oídos "santificados" y "circuncidados"? ¿Sientes una mayor necesidad de que Dios restaure tu alma y despierte tu espíritu en tu interior a fin de que puedas saber lo que Dios quiere, piensa y siente?

Te invito a utilizar el espacio siguiente para escribir una oración al Señor, entregando tus orejas, manos y pies a Él en oración y pidiéndole que te santifique para sus propósitos.

_____

_____

_____

_____

_____

_____

_____

_____

_____

_____

_____

_____

_____

14
Disfruta de una vida guiada por el Espíritu

==

Lee el Capítulo 14 de *Cómo oír a Dios*. Luego lee en tu Biblia los pasajes designados a continuación y responde las preguntas que siguen. Cuando hayas terminado, comprueba tus respuestas en la tabla de respuestas que está en la parte final de este libro.

EL PLAN DE DIOS PARA BENDECIRNOS

Dios tiene un plan admirable para bendecirnos en abundancia y sin límites, pero para poder disfrutar de él en plenitud debemos obedecerle de todo corazón y sin límites. Hay muchas cosas que podríamos hacer, y Dios no diría una palabra al respecto. Nos referimos a esto como la voluntad permisiva de Dios. Pero si queremos conocer la *perfecta* voluntad de Dios, debemos preguntar su opinión.

1. Lee 1 Corintios 6:12.
   a. Aunque todas las cosas son permisibles y legítimas, ¿qué comprendió Pablo acerca de todas esas cosas?_____
   _____
   _____

   b. Pablo se negaba a convertirse en esclavo ¿de qué cosas?
   _____
   _____
   _____

2. Lee Hebreos 12:1-3.
   a. Para conocer el plan total de Dios de bendición, ¿de qué necesitamos despojarnos y dejar a un lado?
   _____
   _____

b. ¿Cómo debemos correr la carrera que Dios ha designado para nosotros? _____

_____

_____

c. ¿A quién debemos mirar? _____

_____

_____

d. ¿A qué miró Jesús cuando soportó la vergüenza de la cruz y la oposición de los pecadores?_____

_____

_____

e. ¿Por qué nos llama este pasaje a mantener nuestro enfoque en Jesús y en el gozo que Él nos promete? _____

_____

_____

DIOS TE GUIARÁ A TOMAR DECISIONES CORRECTAS

Cuando escuchamos la guía de Dios, tomamos decisiones sabias que nos conducen a riquezas, honra, paz y a caminos agradables. La sabiduría siempre nos conducirá a lo *mejor* de Dios para nuestra vida. Cuando "pescamos" fuera de la voluntad de Dios, equivale a pescar del lado equivocado del bote. En ocasiones luchamos, nos esforzamos, trabajamos y nos fatigamos para que suceda algo grande; y… no pescamos nada.

3. Lee Proverbios 3:13-17.
   a. ¿Qué dice este pasaje acerca de la obtención y el beneficio de la sabiduría? _____

   _____

   _____

   b. Este pasaje dice que la sabiduría es más preciosa que

   _____

   _____

   c. ¿Qué produce la sabiduría en la persona que busca y obtiene entendimiento de la Palabra de Dios? _____

   _____

4. Lee Juan 21:2-6.

   a. Después de que Jesús fuera crucificado y resucitara, ¿qué decidieron hacer Pedro, Tomás, Natanael, los hijos de Zebedeo (Santiago y Juan) y otros dos discípulos? _____

   _____

   _____

   _____

   b. ¿Qué les preguntó Jesús a los discípulos cuando estaba en la orilla? _____

   _____

   _____

   c. ¿Qué respondieron los discípulos? _____

   _____

   _____

   d. ¿Qué les dijo Jesús que hicieran? _____

   _____

   _____

   e. ¿Cuál fue el resultado cuando los discípulos hicieron lo que Jesús les dijo que hicieran? _____

   _____

   _____

DIOS TE GUIARÁ A HACER BUENAS OBRAS

Dios nos guía a hacer buenas obras. No son siempre las obras que nosotros deseamos hacer, y a veces esas obras incluyen sufrimiento, pero las obras que Él no llama a hacer son las obras que Él bendice.

5. Lee Génesis 1:28.
   ¿Cuáles fueron las primeras palabras de Dios para la humanidad que estaban llenas de la promesa de bendición?

   _____

   _____

   _____

6. Lee Juan 14:15 y Juan 21:15-18.

a. En Juan 14:15, ¿qué dijo Jesús que haremos si realmente le amamos? _____

_____

b. En Juan 14:15, ¿qué le preguntó Jesús a Simón Pedro tres veces? _____

_____

c. En Juan 21:15-18, ¿qué le respondió Simón Pedro a Jesús tres veces? _____

_____

d. ¿Qué dos cosas le dijo Jesús a Simón Pedro que hiciera?

_____

_____

e. En el versículo 18, ¿qué tipo de sacrificio le dijo Jesús a Pedro que haría al obedecer los mandamientos de Jesús?

_____

_____

_____

7. Lee 1 Pedro 4:1-2.
    a. ¿Con qué pensamiento y propósito debemos armarnos?

    _____

    _____

    b. ¿Cómo pasa el resto de su vida natural la persona que está dispuesta a sufrir, si eso significa que agrada a Dios?

    _____

    _____

    _____

DIOS TE HABLARÁ CLARAMENTE
PARA QUE NO DUDES

Dios nos dice con claridad lo que quiere que hagamos en su Palabra. Si quieres oírle hablarte más claramente, entonces permanece en ella, y te iluminará Escrituras que te darán palabras de vida relevantes (su palabra *rema*) para mostrarte lo que quiere que sepas y que hagas. Si tienes cualquier duda, solamente tienes que pedir al Señor con sinceridad: "Señor, ¿qué deseas que haga?". Debes someter cualquier experiencia espiritual que puedas tener a la "Palabra de Dios" y al "testimonio de Jesús".

8. Lee Hechos 9:4-6.
   ¿Qué le pidió Saulo a Jesús?_____

   _____

   _____

9. Lee Apocalipsis 1:1-2.
   Según este pasaje, ¿de qué testificó y qué declaró Juan en cuanto al contenido de sus visiones? _____

   _____

   _____

10. Lee Lucas 8:15.
    ¿Qué dijo Jesús que debíamos hacer con la semilla de la Palabra de Dios plantada en nuestras vidas?_____

    _____

    _____

DIOS TE GUIARÁ POR MEDIO DE LA PAZ

Las personas que hacen cosas acerca de las cuales no tienen paz viven vidas miserables y no tienen éxito en nada. ¡Sigue la paz!

11. Lee Filipenses 4:7.

a. ¿Cuál es la relación entre el entendimiento de la mente y la paz que Dios da a nuestra alma? _____

_____

_____

b. ¿Qué hace la paz de Dios en nuestros corazones y mentes?

_____

_____

_____

12. Lee Colosenses 3:15.
¿Qué debe *hacer* la paz que nos ha sido dada mediante Cristo en nuestras vidas? _____

_____

_____

13. Lee Hebreos 12:14.
a. ¿Qué debemos procurar en nuestra relación con otras personas?_____

_____

_____

b. ¿Qué debemos perseguir? _____

_____

_____

DIOS TE GUIARÁ CON VOZ SUAVE Y APACIBLE

La principal manera en que oímos a Dios es por medio de su murmullo suave y apacible, o ese testigo interior. A fin de oír esa voz, debemos reducir la velocidad de nuestras vidas y estar quietos en su presencia.

14. Lee el Salmo 46:10.
¿Qué es lo primero que debemos conocer cuando estamos quietos en la presencia de Dios? _____

_____

_____

15. Lee 1 Reyes 19:5-12.

a. En este pasaje, ¿cómo *no* habló Dios a Elías? _____

_____

_____

b. ¿Cómo *sí* habló Dios a Elías? _____

_____

_____

QUÉDATE A SOLAS CON DIOS

Oír a Dios requiere soledad. Si realmente deseas oír la suave y dulce voz de Dios, tendrás que estar quieto. Para buscar a Dios necesitas periodos de quietud extensos, y libres de toda distracción e interrupción. En los momentos a solas con Dios, Él te dará una visión del rumbo que debes tomar. A medida que vayas avanzando hacia tu destino, tendrás que visitarlo con frecuencia para saber cuál es el próximo paso a dar.

16. Lee Mateo 6:6.
    ¿Qué nos dijo Jesús que hagamos cuando oremos? _____

    _____

    _____

17. Lee Isaías 30:20-21.
    a. En el versículo 20, ¿qué se nos dice que sucederá aun en la adversidad y la aflicción? _____

    _____

    _____

    b. ¿Qué dice el versículo 21 que nuestro Maestro nos dirá?

    _____

    _____

    _____

    c. ¿Qué conoceremos entonces? _____

    _____

    _____

EL MAYOR DESEO DE DIOS

El mayor deseo de Dios para sus hijos es que experimenten lo mejor que Él tiene para sus vidas. Dios anhela que lo invitemos a entrar en cada área de nuestra vida y tener comunión íntima con nosotros, para hablarnos y guiarnos por su Espíritu en todas nuestras decisiones. Él no desea que vivamos confundidos y atemorizados; por el contrario, Él quiere que cada uno de nosotros cumplamos nuestro destino y andemos en la plenitud del plan que Él tiene para nosotros.

18. Lee Efesios 3:20.
    a. ¿Qué puede hacer el Señor como consecuencia de su poder que obra en nosotros? _____
    _____
    _____

    b. ¿Más allá de qué le permite el poder de Dios moverse?
    _____
    _____
    _____

19. Lee Hebreos 13:5.
    En este versículo, ¿qué promete el Señor? _____
    _____
    _____
    _____

20. Lee Romanos 14:17-18.
    a. Basado en el versículo 17, ¿qué es el reino de Dios?
    _____
    _____
    _____

    b. Según el versículo 18, ¿cómo considera Dios a la persona que vive en justicia, paz y gozo? _____
    _____
    _____

TIEMPO DE ORACIÓN

Al haber leído el Capítulo 14 y haber completado este capítulo del manual, ¿ha hablado el Señor a tu corazón y tu mente sobre el plan que Él tiene para ti? ¿Has sentido una convicción especial acerca de tu necesidad de enfocarte en las respuestas de Dios en lugar de hacerlo en los problemas de la vida? ¿Has sentido una convicción especial acerca de tu necesidad de preocuparte más por las cosas espirituales y eternas que por las cosas materiales y temporales? ¿Sientes una mayor necesidad de que Dios restaure tu alma y despierte tu espíritu en tu interior para que puedas conocer lo que Dios quiere, piensa y siente?

Te invito a utilizar el espacio siguiente para escribir una oración general al Señor, pidiendo la guía diaria de Dios. Luego, escribe una segunda oración pidiendo la dirección concreta de Dios en alguna decisión a la que te enfrentes. Sin duda alguna deberías sentirte libre para escribir una oración concreta por *cada* decisión, circunstancia, problema o pregunta que estés afrontando.

_____

_____

_____

_____

_____

_____

_____

_____

_____

_____

_____

_____

Respuestas

Las respuestas están tomadas de la Biblia y del libro *Cómo oír a Dios*.

Introducción

1a. El Espíritu Santo representa a Jesús y testifica de Jesús.

1b. Jesús dijo que el Espíritu Santo les enseñaría todas las cosas.

1c. Jesús dijo que el Espíritu Santo les ayudaría a recordar todo lo que Jesús les había enseñado.

1d. Jesús dijo que el Espíritu Santo convencería al mundo de pecado, de justicia y de juicio, y qué juicios están relacionados con el pecado y la justicia.

2. Las palabras son "un silbo suave y apacible".

3. Él promete que nuestros pasos son ordenados por el Señor, y que podemos confiar en Él para no perder nuestro rumbo.

Capítulo 1

1a. Dios se hace a sí mismo evidente en la conciencia interna de una persona.

1b. Por medio de su creación, Dios revela a la humanidad su eterno poder y deidad.

1c. Quienes no honran ni glorifican a Dios, aun cuando saben que Él es Dios y le reconocen como tal, se vuelven fútiles e impíos en su modo de pensar, sus mentes insensibles son entenebrecidas, y aunque dicen ser sabios, se convierten en necios.

2. Se requiere de cada uno de nosotros que demos cuentas de nosotros mismos a Dios; en otras palabras, que le demos a Él una respuesta que será la base para el juicio.

3a. El deseo de nuestra alma es el nombre de Dios y traerlo a nuestra memoria.

3b. Nuestra alma desea al Señor.

3c. Nuestro espíritu busca al Señor con diligencia.

4a. El mundo pasa y desaparece, y con él los anhelos prohibidos (los deseos apasionados, la lujuria) del mundo.

4b. La persona que hace la voluntad de Dios y desarrolla sus propósitos en su vida permanece (o "dura") para siempre.

5. Dios promete que el dirigirá y hará rectos los caminos de la persona que busque conocerlo y reconocerlo a Él.

6a. Dios nos oye cuando clamamos a Él y oramos a Él.

6b. Dios se revela a nosotros cuando le buscamos de todo nuestro corazón.

6c. Cuando buscamos a Dios y oramos a Él, Él nos revela los pensamientos y los planes que tiene para nuestro bienestar y paz, para darnos esperanza con respecto a nuestro resultado final.

6d. Cuando encontramos al Señor, Él nos libera de la cautividad.

7. Dios Padre da el Espíritu Santo a quienes lo piden y continúan pidiéndolo.

8a. Jesús es Aquel que bautiza con el Espíritu Santo.

8b. El Espíritu Santo reside en nosotros.

8c. Ser bautizado en el Espíritu Santo significa darle la bienvenida y recibirlo en cada área de tu vida, sin retener nada.

8d. El mundo no puede recibir al Espíritu Santo porque no le ve, no le conoce ni le reconoce.

9a. El Espíritu Santo nos guía a toda la Verdad: la plena y completa Verdad de Dios.

9b. El Espíritu Santo nos anuncia y declara las cosas que han de venir, las cosas que sucederán en el futuro.

9c. El Espíritu Santo nos hace que recordemos todo lo que Jesús nos ha dicho.

10. Dios, Él mismo, en la persona del Espíritu Santo, es nuestro Maestro personal.

11. El Espíritu Santo conoce todo sobre nosotros, hasta el número de los cabellos de nuestra cabeza. El Espíritu Santo sabe los días de nuestra vida, o la duración de nuestra vida. El Espíritu Santo también conoce las "fronteras fijadas" de nuestra vida.

12a. La Biblia describe la "puerta" mediante la cual el Espíritu Santo nos guía como angosta (contraída por la presión).

12b. La Biblia describe el "camino" que el Espíritu Santo nos guía a seguir en la vida como estrecho y comprimido.

12c. El Espíritu Santo nos ayuda continuamente a escoger entre lo que conduce a la vida y a la muerte, y lo que conduce a las bendiciones y a las maldiciones.

13a. Dios le dijo a Noé que Él iba a poner fin a toda carne; que Él iba a destruir a la gente y la tierra.

13b. Dios le dijo a Noé que se preparara para un diluvio que llegaría para destruir a la gente de la tierra.

14a. Dios le dijo a Moisés que Él le haría parecer ante Faraón "como Dios".

14b. Dios le dijo a Moisés que Aarón sería su profeta (o su vocero).

14c. Dios le dijo a Moisés que debía hablar todo lo que Dios le ordenase que dijera.

14d. Dios dijo que Faraón no escucharía a Moisés, sino que endurecería su corazón.

14e. Dios le dijo a Moisés que Él multiplicaría sus señales, maravillas y milagros en la tierra de Egipto. Él sacaría a su pueblo de Egipto mediante grandes actos de juicio y, al final, los egipcios sabrían que Él era el Señor.

15a. El Espíritu Santo nos desvela y revela las cosas profundas e inescrutables de Dios: los consejos divinos y las cosas que están ocultas y por encima de nuestro escrutinio.

15b. El Espíritu Santo nos revela los pensamientos de Dios a fin de que podamos comprender y apreciar los dones del favor y la bendición divinos que Dios derrama sobre nosotros de manera gratuita y abundante.

16. Él promete que su Espíritu nos guiará, y Él mismo será nuestro Pastor.

17a. Este versículo dice que el Espíritu Santo mora permanentemente en nosotros, de modo que no tenemos necesidad de que nadie tenga que instruirnos.

17b. Este versículo dice que la unción del Espíritu Santo nos enseña la verdad con respecto a todo, y nunca nos conduce a la falsedad.

17c. Este versículo nos desafía a permanecer en Dios; a vivir en Él y nunca apartarnos de Él, a estar arraigados en Él, a estar unidos a Él.

18. Jesús dijo que como sus "ovejas" le seguiremos porque conocemos su voz.

19. La mejor manera para oír a Dios es "estar quietos".

20. Cuando el Señor nos habla, nuestra respuesta debería ser hacer cualquier cosa que Él nos diga.

Capítulo 2

1. Debemos vivir en paz con todos, si es posible, y en cuanto dependa de nosotros.

2. Parece que no oímos a Dios porque hemos dejado que nuestro oído espiritual se nuble y somos perezosos (hasta vagos para lograr perspectiva espiritual).

3a. Dios desea que vayamos a Él, que tomemos su yugo sobre nosotros, y que luego nos quedemos en los caminos de la vida y busquemos y pidamos a Dios que nos muestre su sendero eterno que no ha cambiado a lo largo de los siglos. Cuando Él nos revela ese sendero, debemos caminar en él.

3b. Dios promete darnos descanso para nuestras almas y un mayor conocimiento personal de Él a medida que entremos en una relación con Él.

3c. Este pasaje nos dice que Él es tierno (manso) y humilde de corazón.

3d. Dios nos dice que su yugo es fácil (útil, bueno; no difícil, duro, afilado o pesado sino cómodo, con gracia y agradable). Nos dice que cualquier carga que Él ponga sobre nosotros nos parecerá ligera y fácilmente soportable.

4. Dice que aun cuando nosotros somos infieles, Dios permanece fiel a su Palabra y a su carácter justo.

5a. En este pasaje el Señor nos llama continuamente a escucharlo y considerar, percibir y comprender lo que Él está diciendo.

5b. No oímos lo que el Señor está diciendo o percibimos lo que Él está haciendo porque hemos permitido que nuestros corazones se engrasen y sean insensibles, nuestros oídos pesados y con dificultad para oír, y nuestros ojos totalmente cerrados.

5c. En esencia, no conocemos sus deseos para nosotros porque realmente no queremos conocerlos.

6a. Dios bendice a la persona que cree, confía y se apoya en el Señor, y cuya esperanza y confianza están puestas totalmente en Él.

6b. La persona que es maldita (con gran maldad) es el hombre fuerte que confía y se apoya en el "hombre frágil" en lugar de hacerlo en el Señor.

6c. El Señor promete que la persona que pone plena confianza en Él será como un árbol plantado junto a corrientes de agua que extiende sus raíces al lado del río. Esa persona no verá ni temerá el calor que llegue, sino que continuamente vivirá y producirá fruto. La persona no estará ansiosa y llena de preocupación ni dejará de dar fruto aun en tiempos de sequía.

7a. Pablo creía que debía proclamar a Cristo entre los gentiles (el mundo no judío).

7b. Pablo estaba tan seguro de este llamado en su vida que no consultó con otras personas, ni tampoco fue a Jerusalén para obtener permiso de los apóstoles o consultarles.

7c. Como resultado de que Pablo permitió que la Palabra de Dios creciera en su corazón y fuera manifestada en su predicación, las personas a las cuales ministró glorificaban a Dios como el Autor y la Fuente de la vida transformada de Pablo.

8. Pablo sentía un "testigo" de que estaba oyendo a Dios a medida que el Espíritu Santo iluminaba su conciencia.

9. Jesús dijo que quienes no necesitan una señal visible de Dios son "bienaventurados" porque han creído y han confiado en Él.

10a. La persona bienaventurada es la persona que escucha al Señor, observando y esperando diariamente su Palabra para él o ella.

10b. La persona que halla la sabiduría del Señor no solamente halla vida, sino también obtiene favor del Señor.

10c. La persona que peca o no espera oír a Dios finalmente se hace mal y daño a sí misma.

11a. Dios nos ha dado a cada uno de nosotros la capacidad de oírlo y obedecerlo.

11b. Dios considera la obediencia de un servicio más valioso que los holocaustos y las ofrendas por el pecado.

Capítulo 3

1a. Jesús respondió: "Escrito está: No sólo de pan vivirá el hombre, sino de toda palabra de Dios" (v. 4).

1b. Jesús respondió: "Vete de mí, Satanás, porque escrito está: Al Señor tu Dios adorarás, y a él solo servirás" (v. 8).

1c. Jesús respondió: "Dicho está: No tentarás al Señor tu Dios" (v. 12).

1d. El elemento común en cada una de las respuestas de Jesús al diablo fue: "Escrito está…".

2a. Somos llamados a refutar argumentos, teorías, razonamientos y toda cosa altiva que se levante contra el verdadero conocimiento de Dios.

2b. Debemos llevar cautivo todo pensamiento y propósito. En otras palabras, debemos llevarlo a la obediencia a Cristo.

3a. Si nos falta sabiduría, debemos pedir sabiduría al "Dios dador".

3b. Dios da su sabiduría con liberalidad, sin queja ni reproche, y sin sacar ninguna falta a la persona que la pide.

4a. Debemos tratar los mandamientos de Dios como "un tesoro".

4b. Debemos hacer que nuestros oídos estén atentos a la sabiduría piadosa.

4c. Debemos dirigir nuestro corazón y mente al entendimiento, aplicando todas nuestras capacidades en su búsqueda.

4d. Quienes buscan sabiduría como a la plata y la escudriñan como un tesoro entenderán el temor reverente y adorador del Señor; encontrarán el conocimiento del Dios omnisciente.

5. Entenderán justicia, juicio y equidad, y todo buen camino. Desearán hacer lo que Dios dice porque pueden ver los beneficios de seguir la sabiduría de Dios.

6a. Cuando tengamos una experiencia espiritual o alguien nos diga que él o ella nos está hablando una verdad espiritual, debemos "probar" lo que haya ocurrido para ver si está en consonancia con la Palabra de Dios.

6b. Percibimos y reconocemos la obra del Espíritu de Dios poniéndola a prueba: Todo espíritu que reconozca y confiese que Jesucristo (el Mesías) se ha hecho hombre y ha venido en carne es de Dios (tiene a Dios por fuente).

6c. Percibimos y reconocemos que algo no viene de Dios poniéndolo a prueba: Todo espíritu que no reconozca y confiese que Jesucristo ha venido en carne (sino que lo anule, destruya o desuna) no viene de Dios (no procede de Él).

7. Debemos estar "contentos" con los dones que Dios nos da.

8a. Un profeta interpreta la divina voluntad y el propósito de Dios en la predicación y la enseñanza inspiradas.

8b. El triple propósito de una palabra profética para la persona que la escucha es un progreso espiritual alentador y constructivo, aliento y consolación.

8c. El propósito de la profecía para la iglesia como conjunto es la edificación y la mejora de la iglesia, y el fomento del crecimiento en sabiduría cristiana, piedad, santidad y felicidad.

9. Mientras esperamos que se cumpla una profecía del Señor, deberíamos dedicarnos a la lectura (pública y privada) de la Palabra de Dios; a escuchar la buena exhortación (predicación y llamados personales); y a escuchar una buena enseñanza y la inspiración de doctrina bíblica.

Capítulo 4

1a. Quienes "se acercan a Dios" deben necesariamente creer que Dios existe y que es galardonador de quienes le buscan con sinceridad y diligencia.

1b. Dios los recompensa con su misma presencia y guía.

2. Dios ha repartido (o dado) a cada uno de nosotros un grado de fe.

3a. Jesús nos llama a considerar los lirios del campo y aprender cómo crecen. En especial deberíamos observar que los lirios ni trabajan ni hilan, y aun así, Dios viste a los lirios de manera hermosa aunque tienen un espacio de vida muy corto y son útiles para poco más que comenzar una fogata para cocinar.

3b. Jesús nos llama a observar y considerar las aves. Deberíamos observar que las aves ni siembran ni siegan, ni tampoco tienen almacenes o graneros y, sin embargo, Dios las alimenta. Jesús nos llama a aprender la lección de que nosotros, como discípulos de Dios, ¡somos mucho más valiosos que las aves!

4a. Dios puso al mar sus límites y sus fronteras. Él puso las arenas de las playas como la barrera perpetua para el mar. Aun cuando las olas del mar se agitan y se vuelvan violentas, las olas no pueden traspasar las fronteras que Dios ha establecido con "frágiles granos de arena".

4b. Podemos aprender que si Dios puede dominar el inmenso poder del océano de esta manera, seguramente puede dominar cualquier fuerza que venga a nuestras vidas.

5. Dios puede hacer todas las cosas, y ningún pensamiento o propósito suyo puede ser evitado u obstaculizado.

6. Algunos de los dones y capacidades identificados en estos pasajes son: la capacidad de criar ganado y adquirir posesiones; la capacidad de tocar la lira y la flauta; la capacidad de forjar utensilios de bronce y de hierro; la capacidad de hacer objetos con oro, plata, bronce, hierro, piedra y madera; la capacidad de trabajar con hilos de púrpura, carmesí y azul y telas de lino; la capacidad de grabar objetos.

7. Las capacidades espirituales identificadas en este versículo son las capacidades relacionadas con ser apóstoles, profetas, maestros y hacedores de milagros, al igual que quienes tienen la capacidad de sanar enfermos; y las capacidades relacionadas con ser ayudadores, administradores y hablar en diferentes lenguas.

8a. Dios dio diferentes dones (facultades, talentos y cualidades) a la iglesia porque somos un cuerpo en Cristo y partes unos de los otros, siendo mutuamente dependientes los unos de los otros. Dios nos llama a trabajar juntos como cuerpo.

8b. Los dones ministeriales identificados en este pasaje son: profecía, servicio práctico, enseñanza, exhortación, contribución, ayuda y supervisión, hacer actos de misericordia.

8c. Las maneras en que debemos emplear los siguientes dones son:
Profecía: según la medida de nuestra fe.
Dar (contribuir): con sencillez y liberalidad.
Ayuda y supervisión: con celo y resolución.
Hacer actos de misericordia: con alegría genuina y deseo alegre.

9. Una de las principales razones por que se nos dan talentos y capacidades es para que podamos tener vida y disfrutarla, y tenerla en abundancia (hasta que rebose).

10. Una palabra de consejo que se dice en el momento correcto: ¡cuán buena es!

11. Debemos evitar el consejo de los impíos; de los pecadores; de quienes se burlan de los preceptos, las instrucciones y las enseñanzas de Dios.

12. El Señor es quien nos impulsa a dar "sabias respuestas".

13. El Señor dice que si le buscamos y abrimos nuestra boca hacia Él, Él llenará nuestra boca de su sabiduría.

14. El Señor promete que cuando se nos dé una oportunidad de dar testimonio contra nuestros adversarios, Él nos dará palabras de sabiduría que ninguno de nuestros adversarios podrá soportar o refutar.

15a. La disciplina de Dios produce "el fruto apacible de justicia".

15b. Quienes han sido entrenados por la disciplina de Dios reciben esta cosecha de justicia. Entran en conformidad con la voluntad de Dios en propósito, pensamiento y actos.

15c. El resultado de esta cosecha es una vida correcta y una posición correcta delante de Dios.

16. En Números 22:20-28 Dios utilizó un asno para hablar a su profeta.

17. Después de eso el Señor dijo a Moisés: "Bastante habéis rodeado este monte; volveos al norte".

18a. Dios desea que nuestros corazones sean sin tacha hacia Él.

18b. Dios dice que Él "se mostrará fuerte" por aquellos cuyos corazones sean sin tacha hacia Él.

Capítulo 5

1a. Jesús promete darnos y "dejarnos" su propia paz.

1b. Debemos guardar nuestros corazones de tener turbación o temor.

2. La mente del Espíritu Santo produce vida y paz en el alma, ahora y por siempre.

3. La paz de Cristo debe gobernar en nuestros corazones, actuando continuamente como árbitro, decidiendo y estableciendo con finalidad todas las cuestiones que surjan en nuestras mentes.

4. No debemos ser toscos o apresurados en nuestra conversación; más bien, debemos pensar en lo que hacemos y decimos.

5a. Debemos "ejercitar" nuestras convicciones personales como si estuviéramos en la presencia de Dios, guardándolas para nosotros y esforzándonos solo por conocer la verdad y obedecer la voluntad de Dios.

5b. Una persona que tenga dudas, recelo o una conciencia intranquila acerca de algo pero que de todos modos lo hace está condenada delante de Dios, porque no está siendo fiel a sus convicciones y no actúa por fe.

6. En la parábola de Jesús, el amo dijo a cada uno de los sirvientes a quienes les había dado cinco talentos y dos talentos: "Bien, buen siervo y fiel; sobre poco has sido fiel, sobre mucho te pondré; entra en el gozo de tu señor".

7. Dios da a quienes se deleitan en el Señor los deseos y las peticiones secretas de su corazón.

8a. Debemos perseguir y buscar con entusiasmo adquirir amor.

8b. Debemos desear con entusiasmo y los dones espirituales y cultivarlos, en especial la capacidad de profetizar (interpretar la voluntad divina y su propósito en la predicación y la enseñanza inspiradas).

9. Los deseos de la carne (la naturaleza humana impía) y los deseos del Espíritu Santo son antagónicos; se oponen continuamente y están en conflicto los unos con los otros.

10. El reino de Dios se trata de justicia (el estado de ser totalmente aceptable para Dios), paz de corazón y gozo en el Espíritu Santo.

11a. Jesús dijo acerca de su relación con Dios Padre: "Yo y el Padre uno somos".

11b. Jesús dijo acerca de su autoridad para obrar y hablar: "... y que nada hago por mí mismo, sino que según me enseñó el Padre, así hablo".

12a. Jesús nos llama a vivir en Él (permanecer vitalmente unidos a Él), y dejar que sus palabras permanezcan en nosotros y sigan viviendo en nuestros corazones.

12b. Jesús dijo que si permanecemos en Él y sus palabras permanecen en nosotros y siguen viviendo en nuestros corazones, podemos pedir lo que queramos y nos será hecho.

13a. Nuestras vidas deben expresar amorosamente la verdad; en todas las cosas debemos hablar verdad, tratar con verdad y vivir con verdad.

13b. El Señor nos llama a crecer en todos los aspectos y en todas las cosas en Él, que es la Cabeza.

14. Cuando nuestros deseos son piadosos, podemos esperar que cualquier cosa que pidamos en oración, y creamos con confianza que recibiremos, nos será otorgada.

15. Dios está obrando para producir y magnificar en nosotros el querer y el desear obrar y trabajar para su buen propósito, satisfacción y deleite.

16. Cuando oigamos al Señor pronunciar nuestro nombre, deberíamos decir como dijo Samuel: "Habla, Señor, que tu siervo escucha".

17a. Nosotros somos las ovejas de Dios.

17b. Las "ovejas" siguen la voz del Pastor.

17c. Jesús dijo que tenemos la capacidad de reconocerlo a Él y conocer su voz.

Capítulo 6

1a. El Espíritu Santo viene en íntima comunión con nosotros.

1b. El Espíritu Santo trae convicción de pecado porque la gente no cree ni confía en Jesús.

1c. Necesitamos que el Espíritu Santo nos convenza de nuestra necesidad y de recibir la justicia de Cristo porque Jesús se ha ido al Padre, y nosotros ya no lo vemos.

1d. Necesitamos la seguridad del Espíritu Santo de que Satanás—el príncipe malvado de este mundo—ya ha sido juzgado, condenado y sentenciado.

2a. El Espíritu Santo convence a todas las personas impías.

2b. El Espíritu Santo convence a esas personas de sus obras impías que han realizado de maneras impías, y de todas las cosas graves, abusivas y discordantes que han hablado en contra de Él.

3a. Jesús dijo que Él *no* era enviado a juzgar, a rechazar, a condenar o a dictar sentencia sobre el mundo.

3b. Jesús dijo que Él *era* enviado para que el mundo pudiera encontrar salvación y por medio de Él ser hecho seguro y sano.

3c. La persona que cree en Jesús no es juzgada, y nunca comparece a juicio; para él o ella no hay rechazo ni condenación.

3d. La persona que *no* cree en Jesús ya ha sido juzgada (ya ha sido condenada y ha recibido su sentencia).

4a. Jesús le dijo a la mujer sorprendida en adulterio: "Ni yo te condeno".

4b. Él le dijo: "Vete y no peques más".

5a. Debemos desear que Dios cree en nosotros un corazón limpio.

5b. Debemos desear que Dios renueve un espíritu recto en nosotros.

5c. La promesa de Dios es que Él nos dará un nuevo corazón.

5d. La promesa de Dios es que Él pondrá un nuevo espíritu dentro de nosotros.

5e. Dios nos da un nuevo corazón y un nuevo espíritu a fin de que podamos ser sensibles a su toque y respondamos a él.

5f. Cuando tenemos un nuevo corazón y un nuevo espíritu, escogemos caminar en los estatutos de Dios, guardar sus mandamientos y ponerlos en práctica.

6. Este versículo dice que el Espíritu Santo que vive en nosotros es mayor o más poderoso que el que está en el mundo (el diablo).

7a. Según este versículo, Cristo nos ha hecho libres. Nos ha liberado por completo.

7b. Debemos responder a la libertad que Cristo nos otorga permaneciendo firmes, negándonos a ser engañados, seducidos, o sometidos a un yugo de esclavitud al pecado.

8a. Debemos orar: "Y perdónanos nuestras deudas, como también nosotros perdonamos a nuestros deudores".

8b. Debemos orar: "... líbranos del mal".

9a. Las personas que andaban en oscuridad han visto una gran Luz.

9b. La Luz ha brillado sobre aquellos que moraban en la tierra de intensa oscuridad y de sombra de muerte.

9c. El Mesías vino a ser "luz para las naciones (gentiles)".

9d. Jesús dijo que quienes lo siguieran no caminarían en oscuridad, sino que tendrían la Luz, que es vida.

9e. Debemos andar como hijos de Luz. Debemos llevar vidas de quienes han nacido a la Luz.

9f. El fruto (efecto, producto) de la Luz o del Espíritu es toda forma de amable bondad, rectitud de corazón y veracidad de vida.

10a. Dios nos justifica. Él es quien nos sitúa en una relación correcta con Él mismo.

10b. Cristo Jesús está a la diestra de Dios rogando en intercesión por nosotros.

11a. En la cruz, Cristo Jesús, el Mesías, sufrió nuestros dolores (enfermedades, debilidades y angustias) y cargó con nuestras tristezas y dolores de castigo.

11b. Cristo Jesús fue herido por nuestras transgresiones y fue molido por nuestra culpa y nuestras iniquidades.

11c. Su castigo puso a nuestra disposición su paz y su bienestar.

11d. Sus heridas hicieron posibles que nosotros seamos sanados.

11e. La angustia de Cristo Jesús en la cruz justificó a muchos e hizo rectos a muchos.

11f. En la cruz, Cristo Jesús, el Siervo de Dios, llevó nuestras iniquidades y nuestra culpa, junto con las consecuencias asociadas con nuestros pecados.

12. Dios promete que si admitimos libremente que hemos pecado y confesamos nuestros pecados, Él perdonará nuestros pecados y nos limpiará de toda iniquidad (todo lo que no se conforme a su voluntad en propósito, pensamiento y actos).

Capítulo 7

1. Él dijo que Dios es espíritu y debe ser adorado en espíritu y en verdad.

2. Para que una persona sea sensible a la voz de Dios y entienda lo que el Espíritu dice debe nacer de agua y del Espíritu.

3a. Jesús dijo acerca del Padre a quienes se oponían a Él: "Nunca habéis oído su voz, ni habéis visto su aspecto".

3b. Las personas no tienen la Palabra de Dios (su pensamiento) viviendo en su corazón porque no han creído en Aquel a quien Él ha enviado.

4a. En los últimos tiempos algunos se apartarán de la fe, prestando atención a espíritus engañosos y seductores y a doctrinas que enseñan los demonios.

4b. Las personas caen víctimas de la hipocresía y la pretensión de los mentirosos porque sus conciencias están cauterizadas.

5. La gracia (favor y bendición espiritual) del Señor Jesucristo, el amor de Dios y la presencia y comunión en el Espíritu Santo son impartidos a ellos.

6a. Quienes son guiados por el Espíritu son hijos de Dios.

6b. Como hijos de Dios, somos herederos de Dios y coherederos con Cristo, compartiendo su herencia con Él.

6c. Si compartimos la gloria de Cristo, necesitamos compartir su sufrimiento.

6d. No hay comparación adecuada entre la gloria que va a ser revelada a nosotros, en nosotros, y por nosotros, o que se nos va a conferir, y nuestros sufrimientos en esta vida presente.

7a. Debemos revestirnos del Señor Jesucristo (el Mesías).

7b. No debemos hacer provisión para satisfacer la carne; por el contrario, debemos dejar de pensar en los malvados anhelos de nuestra naturaleza física y en gratificar sus deseos y lujurias.

7c. Los deseos de la carne se oponen al Espíritu Santo.

7d. Los deseos del Espíritu Santo se oponen a la carne (la naturaleza humana impía).

7e. El Espíritu Santo busca evitar que hagamos lo que deseamos hacer que sea pecado.

8a. Dios nos imparte el poder, la capacidad y la suficiencia para ministrar a otros.

8b. El Espíritu Santo da vida.

8c. La dispensación del Espíritu nos hará hacer dos cosas: obtener el Espíritu Santo (tener al Espíritu Santo en nuestras vidas) y ser gobernados por el Espíritu Santo en nuestras vidas.

Capítulo 8

1. Debemos conocerlo y reconocerlo a Él; temer y adorar con reverencia al Señor; y volvernos por completo de toda maldad.

2a. El temor reverente y la adoración del Señor incluyen el odiar la maldad.

2b. El Señor odia el orgullo, la arrogancia, los malos caminos y la conversación pervertida y torcida.

3. Si queremos mantener una conciencia tierna, debemos negarnos a prestar atención a los espíritus engañadores y seductores y a las doctrinas que enseñan los demonios.

4a. Si tu ojo es bueno, todo tu cuerpo estará lleno de luz.

4b. Si tu ojo es maligno, todo tu cuerpo estará lleno de oscuridad.

5a. Debemos negarnos a estar en yugo de comunión con los incrédulos.

5b.   Es imposible que una vida correcta y una posición correcta delante de Dios tengan comunión con la iniquidad y la impiedad.

5c.   Es imposible que la luz tenga comunión con las tinieblas.

6a.   Si queremos estar en la posición correcta para que Dios comience y termine en nosotros lo que Él desea lograr, debemos apartarnos de cualquier cosa que nos distraiga del Señor.

6b.   En este versículo Jesús es descrito como el Autor y la Fuente de nuestra fe, y también es el Consumador.

6c.   Él lleva nuestra fe a la madurez y la perfección.

7.   "Hierro con hierro se aguza; y así el hombre aguza el rostro de su amigo.".

8a.   No se nos ha dado el espíritu que pertenece al mundo.

8b.   El Espíritu Santo se nos ha dado para que podamos comprender y apreciar los dones del favor divino y la bendición que Dios nos ha otorgado de manera tan gratuita y abundante.

8c.   El hombre natural y no espiritual es incapaz de aceptar, dar la bienvenida o admitir en su corazón los dones, enseñanzas y revelaciones del Espíritu de Dios.

8d.   El hombre natural y no espiritual es incapaz de recibir esas cosas porque solamente se pueden discernir, estimar y apreciar espiritualmente.

8e.   El hombre espiritual examina, investiga, estudia, cuestiona y discierne todas las cosas.

9a.   Los "pensamientos de la carne" se describen como sentido y razón sin el Espíritu Santo. Es la muerte con todas las desgracias que surgen del pecado.

9b.   Los "pensamientos del Espíritu Santo" se describen como vida y paz, tanto en el presente como en la eternidad.

10.   Porque el enemigo anda alrededor como león rugiente, buscando a quién devorar, debemos mantener cierto equilibrio, dominio y una mente sensata, siendo vigilantes y cautos en todo momento.

11a.   Conforme buscamos equilibrio en nuestras vidas, debemos renunciar a todos los caminos vergonzosos: pensamientos secretos, sentimientos, deseos y cosas solapadas, los métodos y las artes que los hombres ocultan mediante la vergüenza.

11b.   Conforme buscamos equilibrio en nuestras vidas, debemos negarnos a manejar con astucia la Palabra de Dios—a practicar engaño y astucia—o a adulterarla o tratarla con deshonestidad.

11c.   Conforme buscamos equilibrio en nuestras vidas, debemos manifestar la verdad abiertamente, claramente y con franqueza.

12a.   Hay tiempo de nacer y tiempo de morir.

12b.   Hay tiempo de plantar y tiempo de arrancar lo plantado.

12c.   Hay tiempo de llorar y tiempo de reír, tiempo de endechar y tiempo de danzar.

12d. Hay tiempo de abrazar y tiempo de abstenerse de abrazar.

12e. Hay tiempo de guardar silencio y tiempo de hablar.

13. "Por la noche durará el lloro, y a la mañana vendrá la alegría".

14. Este versículo dice que el castigo que era necesario para obtener paz y bienestar se encuentra en Cristo Jesús: somos sanados por medio de sus heridas.

Capítulo 9

1a. Nos asegura que Dios es fiel, digno de confianza y leal a su promesa.

1b. Jesús dijo que estaría con nosotros "todos los días, hasta el fin del mundo".

2. La promesa de Dios para nosotros cuando nos sentimos a ciegas sobre dónde vamos a ir o dónde nos está guiando Él: "Y guiaré a los ciegos por camino que no sabían, les haré andar por sendas que no habían conocido; delante de ellos cambiaré las tinieblas en luz, y lo escabroso en llanura. Estas cosas les haré, y no los desampararé".

3a. Según estos pasajes, el estado de nuestro conocimiento y profecía (enseñanza) es siempre fragmentario, incompleto e imperfecto.

3b. Tenemos la esperanza de que un día Dios hará todas las cosas completas y perfectas, y en ese momento todo lo que es incompleto e imperfecto desaparecerá, se quedará anticuado, estará vacío y será sustituido.

3c. Estas tres cosas permanecen aun cuando nuestro conocimiento y profecía sean fragmentarios: fe, esperanza y amor.

4a. El Señor dirigió a Abram a que fuese a una tierra que Dios le dijo que le mostraría.

4b. Debido a la obediencia de Abram al ir, Dios prometió a Abram hacer de él una gran nación, y bendecirlo con abundancia de favores, hacer su nombre famoso y distinguido, y hacer de él una bendición para otros.

4c. Según Hebreos 11:8-9 Abraham fue instado o impulsado por fe.

4d. Abraham salió aunque no conocía, y no se preocupó en su mente por el lugar donde debía ir.

5a. Los discípulos le pidieron a Jesús que aumentara su fe: su confianza en Dios.

5b. Jesús dijo: "Si tuvierais fe como un grano de mostaza, podríais decir a este sicómoro: Desarráigate, y plántate en el mar; y os obedecería".

6. Dios nos asegura que Él es un colaborador en nuestra labor y que Él hace que todas las cosas obren y encajen en un plan para nuestro bien.

7a. Fe es la certeza de las cosas que esperamos.

7b. Fe es la prueba de cosas que no vemos y la convicción de su realidad.

8a. Dice que los pasos del hombre bueno son dirigidos y establecidos por el Señor.

8b. Dice que aunque él pueda caer, no estará totalmente derribado, sino que el Señor agarrará su mano para apoyarlo y levantarlo.

8c. Debemos caminar por fe y no por vista o apariencia.

Capítulo 10

1a. La mente del hombre planea sus caminos.

1b. El Señor dirige los pasos del hombre y los asegura.

1c. Según el Salmo 37:23 los pasos del justo son dirigidos y establecidos por el Señor.

1d. Los pasos del justo son dirigidos y establecidos por el Señor cuando el Señor se deleita en su caminar.

2. Este versículo nos dice que lo que Dios abre nadie lo cerrará, y lo que Dios cierra nadie lo abrirá.

3a. En este versículo el apóstol Pablo dijo que se le había abierto una gran puerta de oportunidad para el servicio eficaz.

3b. Pablo dijo que él también se encontraría allí con muchos adversarios.

4a. En este pasaje Pablo y Silas trataron de entrar en la provincia de Asia y más tarde en Bitinia.

4b. Les fue prohibido por el Espíritu Santo proclamar la Palabra en Asia.

4c. El espíritu de Jesús evitó que ellos entraran en Bitinia.

4d. El Espíritu Santo les permitió ir a Troas.

5. En este versículo Dios dice: "Porque mis pensamientos no son vuestros pensamientos, ni vuestros caminos mis caminos".

6a. Siempre debemos confiar en el Señor para que nos rescate de las tentaciones y las pruebas.

6b. Debemos confiar en que el Señor mantenga a los impíos que nos rodean bajo castigo hasta el día del juicio.

6c. Debemos particularmente confiar en que el Señor trate con quienes andan según la carne, quienes satisfacen la lujuria de las pasiones corrompidas y se burlan de la autoridad y la desprecian.

7. Los deseos de la carne, los deseos de los ojos, y la vanagloria de la vida, no proviene del Padre, sino del mundo.

Capítulo 11

1a. María se sentó a los pies del Señor y escuchaba su enseñanza.

1b. Marta estaba muy ocupada y ajetreada: distraída con el servicio de los invitados a su casa.

1c. Cuando Marta se quejó a Jesús de María, Jesús le dijo a Marta: "… Afanada y turbada estás con muchas cosas".

1d. Jesús dijo de María: "María ha escogido la buena parte, la cual no le será quitada".

2a. Pablo nos aconseja que no estemos afanosos o ansiosos por nada.

2b. Se nos aconseja continuar dando a conocer a Dios nuestras necesidades.

3a. Jesús dijo que los escribas y los fariseos habían pasado por alto y omitido los asuntos más importantes de la Ley: la justicia, la misericordia y la fe.

3b. Jesús dijo que los fariseos estaban llenos de extorsión y de falta de moderación.

3c. Jesús dijo que por fuera los fariseos parecían hermosos; parecían ser justos y rectos.

3d. Jesús dijo que, por dentro, los corazones de los fariseos estaban llenos de pretensión, injusticia e iniquidad.

4a. Jesús dijo a quienes sufrían de "agotamiento espiritual": "Venid a mí todos los que estáis trabajados y cargados, y yo os haré descansar".

4b. Jesús nos dijo que tomáramos su yugo.

4c. Jesús dijo que debemos aprender de Él.

4d. Jesús describió su propia naturaleza como manso y humilde de corazón.

4e. Jesús dijo que si tomamos su yugo y aprendemos de Él, encontraremos descanso para nuestras almas.

4f. Jesús describió su yugo como fácil: útil y bueno, y no duro, difícil, puntiagudo o pesado, sino por el contrario, cómodo y agradable.

4g. Jesús describió su carga como ligera y fácil de soportar.

5a. Se conoce plenamente a las personas por sus frutos.

5b. Según este pasaje, quienes hacen la voluntad de Dios Padre que está en el cielo entran en el reino de los cielos.

5c. El Señor no conocerá a quienes actúen con maldad—quienes hagan caso omiso a sus mandamientos—aun si ellos han profetizado o expulsado demonios en su nombre.

6. El futuro eterno de la persona que cree en Jesús como Hijo de Dios es vida eterna. No perecerá, no será destruido ni perdido.

7a. Somos salvos por gracia (favor inmerecido de Dios).

7b. Somos salvos por (nuestra) fe.

7c. Nuestra salvación es el regalo de Dios.

8a. Según el versículo 9, somos salvos porque reconocemos y confesamos con nuestros labios que Jesús es Señor y creemos en nuestro corazón que Dios lo levantó de la muerte.

8b. Según el versículo 10, con nuestro corazón creemos.

8c. Con nuestra boca confesamos (declaramos abiertamente y proclamamos nuestra fe).

9a. Cuando admitimos libremente que hemos pecado y confesamos nuestros pecados, Dios promete perdonar nuestros pecados y limpiarnos de toda maldad.

9b. Dios permanece con cualquiera que confiesa (reconoce) que Jesús es el Hijo de Dios.

9c. Dios mora y continúa permaneciendo en la persona que mora y continúa en Él.

9d. El "hijo de Dios nacido de nuevo" es la persona que cree que Jesús es el Cristo.

10a. En Ezequiel 11:19 Dios promete dar a aquellos que creen en Él un nuevo corazón y un nuevo espíritu.

10b. En este versículo, Dios promete dar a quienes creen en Él un corazón de carne que sea sensible y responda al toque de Dios, en lugar de un corazón de piedra y endurecido de modo no natural.

10c. Cuando tenemos un nuevo corazón, un nuevo espíritu y al Espíritu de Dios en nuestro interior, Dios nos hace andar en sus estatutos, guardar sus ordenanzas y ponerlas por obra.

11. En este pasaje, Jesús dijo que Moisés permitió a los esposos que repudiaran a sus mujeres y se divorciaran de ellas debido a la dureza, la terquedad y la perversidad de sus corazones.

12a. El Espíritu nos aconseja que no endurezcamos nuestros corazones; que no provoquemos a Dios ni nos rebelemos contra Él.

12b. Un corazón malvado e incrédulo conduce a una persona a alejarse, abandonar o permanecer distante del Dios vivo.

12c. Nuestros corazones son endurecidos por el engaño del pecado: por el fraude, las estratagemas y los engaños con que el glamour engañador de nuestro pecado puede jugar.

13a. Jesús no pidió que Dios Padre nos quitara del mundo; por el contrario, pidió a su Padre que nos guardara y nos protegiera del maligno.

13b. La Verdad—la Palabra de Dios—que mora en nosotros nos santifica para Dios.

14a. No debemos conformarnos a este mundo; no debemos moldear o adaptar nuestras vidas a las costumbres externas y superficiales de este mundo.

14b. Debemos ser transformados en nuestras mentes, con nuevos ideales y una nueva actitud en consonancia con la Palabra de Dios.

15. Jesús dijo que Él era llamado a predicar las buenas nuevas.

16a. No debemos contristar al Santo Espíritu de Dios: ofenderlo, afligirlo o entristecerlo.

16b. Debemos quitar de nuestras vidas toda amargura, indignación e ira; resentimiento, peleas, calumnias, y toda malicia.

16c. Debemos perdonar a otros como Dios nos perdonó a nosotros en Cristo.

17. Una profecía de la Escritura nunca debería ser asunto de interpretación personal, privada o especial.

18. Debido a que el Espíritu del Señor estaba sobre Jesús, Dios lo ungió y lo capacitó para predicar el evangelio de las buenas nuevas a los mansos, los pobres y los afligidos; Dios envió a Jesús a vendar y sanar a los quebrantados de corazón, a proclamar libertad a los cautivos físicos y espirituales, a abrir las cárceles espirituales que mantienen atadas a las personas, y a abrir los ojos espirituales de quienes están espiritualmente ciegos.

19. "Donde está el Espíritu del Señor" encontramos libertad.
20. Somos realmente e incuestionablemente libres cuando el Hijo nos libera.
21a. En el versículo 12, a cada uno se nos requiere que demos cuentas de nosotros mismos ante Dios.
21b. En el versículo 13 el apóstol Pablo nos dice que no debemos criticarnos, culparnos o juzgarnos los unos a los otros.
21c. En ese versículo Pablo nos dice que decidamos y emprendamos no poner nunca piedra de tropiezo u obstáculo en el camino de un hermano o hermana en Cristo.
21d. En el versículo 15, ya no estamos andando en amor si nuestro hermano o hermana en Cristo está sufriendo, sus sentimientos son heridos o dañados por lo que nosotros decimos o hacemos.
21e. En el versículo 19 debemos seguir y perseguir lo que contribuya a la armonía y la edificación mutua los unos de los otros.
22a. Tenemos plena libertad y confianza para entrar en el Lugar Santísimo por el poder y la gracia de la sangre de Jesús.
22b. Debemos acercarnos a Dios con un corazón honesto y sincero, y con seguridad y absoluta convicción engendrada por la fe y la confianza en el poder, sabiduría y bondad de Dios.

Capítulo 12

1. Dios nos ha dado la capacidad de oírlo y obedecerlo.
2a. Según este pasaje, cuando Dios nos llamó nosotros nos negamos a responder.
2b. No atendimos a la mano extendida de Dios.
2c. Desechamos todo consejo sabio de Dios.
2d. Nos negamos a aceptar la reprensión de Dios.
3a. La naturaleza del Espíritu que reposaba sobre Jesús y que también reposa sobre nosotros hoy es sabiduría y entendimiento, consejo y poder, conocimiento y un temor reverente y obediente del Señor.
3b. El Espíritu aviva nuestro entendimiento, y hace que nos deleitemos en el temor reverente y obediente del Señor.
3c. Una persona que oye al Espíritu es capaz de juzgar y tomar decisiones con rectitud y justicia.
4. A quienes se arrepienten y escuchan su reprensión, el Señor promete derramar su Espíritu sobre ellos y darles a conocer sus palabras.
5a. Según este pasaje, aborrecimos el conocimiento de Dios.
5b. No escogimos el temor reverente y adorador del Señor.
5c. Quienes se alejan de una reverencia hacia el conocimiento, consejo y represión de Dios comen del fruto de su propio camino y son hastiados de sus propios consejos. En otras palabras, sufren las consecuencias de sus propias malas decisiones.

5d. Quienes escuchan la sabiduría de Dios habitan confiadamente y viven tranquilos, sin temor al mal.

6a. La persona que realmente ama a Jesús guardará su Palabra: obedecerá su enseñanza.

6b. Las bendiciones para la persona que ama a Jesús y guarda su Palabra, obedeciendo sus enseñanzas, es que Dios Padre le amará y el Padre y el Hijo harán morada en él.

7. Este versículo dice que es la voluntad para todos nosotros que estamos en Cristo Jesús que seamos agradecidos y demos gracias a Dios en todo, sin importar cuáles sean las circunstancias.

8. Nunca debemos apagar, someter o suprimir al Espíritu Santo en nuestras vidas.

9a. Cuando reconocemos que nos falta sabiduría, debemos pedir sabiduría a Dios, quien la da a todos los que la piden.

9b. Dios da su sabiduría con liberalidad y sin reproche ni crítica.

9c. Debemos pedir sabiduría con una fe firme, sin vacilación ni duda.

10. Los bienaventurados son aquellos que guardan los testimonios de Dios y que buscan y preguntan a Dios, y quienes lo anhelan con todo su corazón.

11a. En el Salmo 119:10, el salmista buscaba al Señor con todo su corazón, preguntando a Dios y anhelándolo a Él.

11b. La petición que el salmista le hizo a Dios fue: "No me dejes desviarme de tus mandamientos".

11c. En el versículo 34, la promesa que el salmista le hizo a Dios fue: "Dame entendimiento, y guardaré tu ley, y la cumpliré de todo corazón".

12. Jesús prometió que quienes tienen corazones puros verán a Dios.

13a. Si no hay nada en nuestra conciencia que nos acuse o haga que nos sintamos culpables o condenados, tenemos confianza delante de Dios y recibimos de Él cualquier cosa que pidamos.

13b. Quienes obedecen vigilantemente las órdenes de Dios, siguen el plan que Él tiene para ellos y practican lo que le agrada, reciben de Él cualquier cosa que le pidan.

14a. Jesús nos advirtió que tuviéramos cuidado con lo que oímos.

14b. La medida de pensamiento y de estudio que demos a la verdad que oímos determina la medida de gracia y de conocimiento que recibimos del Señor.

15a. Cuando la gente se aparta de la instrucción sana y completa y desarrolla un deseo solamente por la enseñanza que sea agradable y gratificante, busca maestros que satisfagan sus propios gustos y que fomentan el error en que están.

15b. Cuando la gente se aparta de oír la verdad, vagan hasta mitos y fábulas de hombres.

16a. Nunca debemos acudir a espiritistas—quienes tienen espíritus familiares— o a adivinos.

16b. Dios dice que Él volverá su rostro contra cualquier persona que acuda a quienes tienen espíritus familiares y a los adivinos. Él cortará a esa persona de su pueblo a fin de que no pueda hacerse expiación por ella.

17a. Jesús dijo que para un siervo es imposible servir a dos señores.

17b. Es así porque o bien aborrecerá al uno y amará al otro, o bien se dedicará a uno y despreciará al otro.

18a. La inmoralidad, la impureza y la avaricia ni siquiera debiera nombrarse entre el pueblo consagrado de Dios.

18b. La inmundicia (obscenidad, indecencia), la conversación necia y pecaminosa, y las bromas sucias "no convienen" al pueblo de Dios.

18c. Practicar el vicio sexual, la impureza de pensamiento o de hecho, y la avaricia pueden causar que una persona no tenga herencia alguna en el reino de Cristo y de Dios.

19a. Debemos atender a las palabras de Dios.

19b. Debemos asentir y someternos a sus dichos.

19c. Debemos mantener a la vista las palabras y los dichos de Dios: en el centro de nuestro corazón.

19d. Las palabras de Dios producen vida—sanidad y salud—en nosotros.

19e. Debemos guardar nuestro corazón con toda vigilancia y sobre toda cosa guardada.

19g. Debemos alejar de nosotros la perversidad de la boca y la iniquidad de los labios.

19h. Debemos tener un propósito fijado en la vida y que nuestra mirada vea lo que tenemos delante.

19i. Debemos considerar bien el sendero de nuestros pies, y dejar que todos nuestros caminos sean establecidos y ordenados.

19j. Nunca debemos caminar hacia la maldad o en ella.

20. Conforme continuamos contemplando la Palabra de Dios, somos transformados a su semejanza en un esplendor cada vez mayor: de un grado de gloria a otro.

Capítulo 13

1a. Ser santificado "por completo" significa ser completamente separado de las cosas profanas, ser hecho puro y totalmente consagrado a Dios.

1b. Pablo desea que nuestro espíritu, alma y cuerpo sean preservados "irreprensibles".

2a. Debemos andar y vivir habitualmente en el Espíritu Santo: respondiendo a Él y siendo controlados y guiados por Él.

2b. Si andamos y vivimos en el Espíritu Santo, no gratificaremos los deseos de la carne (la naturaleza humana sin Dios).

3. En este versículo Pablo dice que el reino de Dios es justicia, paz de corazón y gozo en el Espíritu Santo.

4a. Tener oídos "no circuncidados" significa ser incapaces de oír u obedecer a Dios, porque la persona nunca ha entrado en un pacto con Dios o ha sido consagrada a su servicio.

4b. Para quienes tienen oídos no circuncidados, la Palabra de Dios se ha convertido en reproche y en objeto de escarnio. No se deleitan en ella.

5a. Jesús dijo: "No puedo yo hacer *nada* por mí mismo".

5b. Jesús dijo que su juicio era justo y recto porque Él no buscaba su propia voluntad o la consultaba, ni sus propios deseos, metas o propósito, sino solamente la voluntad de Dios Padre.

6a. La sangre se ponía en el borde de la oreja derecha del sacerdote a fin de que él oyera con claridad y no fuera engañado.

6b. La sangre se ponía en el pulgar de la mano derecha del sacerdote a fin de que en lo que él pusiera su mano fuera correcto y bendito.

6c. La sangre se ponía en el dedo gordo del pie del sacerdote a fin de que a todo lugar donde él fuese fuera correcto y santificado.

6d. Somos ungidos con la sangre derramada de Jesús en nuestras orejas, manos y pies a fin de que podamos oír, actuar e ir en la dirección en que seamos guiados divinamente y con seguridad.

7a. Por su sangre derramada, Jesús nos hizo un reino (un linaje real) de sacerdotes para Dios Padre.

7b. Como sacerdotes de Jesús, debemos darle a Él la gloria, el poder, la majestad y el dominio que son legítimamente suyos por los siglos y para siempre.

8a. Según 1 Corintios 15:42, el cuerpo terrenal es corruptible y sujeto a descomposición.

8b. El cuerpo resucitado es incorruptible (inmune a la descomposición e inmortal).

8c. Según el versículo 43, el cuerpo terrenal se siembra en deshonra, humillación, enfermedad y debilidad.

8d. El cuerpo resucitado es levantado con honor, gloria, fortaleza y poder.

9a. Las cosas visibles son temporales.

9b. Las cosas invisibles son inmortales y eternas.

10a. Quienes hayan partido de esta vida en Cristo resucitarán primero.

10b. Los que vivan y sigan en la tierra se encontrarán con el Señor en las nubes junto con los muertos resucitados.

10c. Debemos recordarnos unos a otros este evento que llegará a fin de consolarnos y alentarnos unos a otros.

11a. La Palabra que Dios habla está viva y llena de poder.

11b. Al ser más afilada que una espada de doble filo, la Palabra de Dios penetra hasta la línea que divide el alma y el espíritu inmortal, y hasta las coyunturas y los tuétanos (refiriéndose a las partes más profundas de nuestra naturaleza).

11c. La Palabra de Dios saca a la luz, examina, analiza y juzga los pensamientos y las intenciones del corazón.

12a. Cuando el Señor es nuestro Pastor, no nos falta nada que necesitemos.

12b. Nuestro Pastor nos hace, como ovejas suyas, descansar en pastos frescos y verdes.

12c. Nuestro Pastor nos guía, como ovejas suyas, al lado de aguas tranquilas.

12d. Nuestro Pastor refresca y restaura nuestra vida (nuestro ser).

12e. Nuestro Pastor nos conduce, como ovejas suyas, por senderos de justicia.

13. Debemos buscar cultivar nuestro crecimiento espiritual con una actitud de reverencia, respeto y temblor.

14. Debemos adorar a Dios, un Ser espiritual, en espíritu y en verdad (en realidad).

15a. A fin de no entrar en tentación debemos velar y orar.

15b. La carne es débil.

16a. El Espíritu de Dios se caracteriza por sabiduría, inteligencia, consejo, poder, conocimiento y temor reverente del Señor.

16b. El Espíritu del Señor produce un rápido entendimiento en una persona, junto con un deleite en el temor reverente y obediente del Señor.

17a. Cuando Jesús oró en el huerto de Getsemaní, estaba muy triste y profundamente angustiado, casi hasta el punto de morir de tristeza.

17b. Aun con un alma triste y profundamente angustiada, Jesús oró: "Padre mío, si es posible, pase de mí esta copa; pero no sea como yo quiero, sino como tú".

18a. El salmista trajo a la memoria en la noche el canto que había cantado a Dios.

18b. El salmista meditaba en la Palabra de Dios con su corazón.

18c. El espíritu del salmista buscaba con diligencia la dirección de Dios.

Capítulo 14

1a. Pablo comprendió que aunque todas las cosas son permisibles y legítimas, no todas las cosas convienen (son buenas para nosotros y beneficiosas cuando se consideran junto con otras cosas).

1b. Pablo se negaba a convertirse en esclavo de ninguna cosa o a ser sometido al poder de ninguna cosa.

2a. Para conocer el plan total de bendición de Dios necesitamos despojarnos y dejar a un lado todo peso innecesario y todo pecado que pudiera habernos enredado.

2b. Debemos correr la carrera que Dios ha designado para nosotros con paciencia y persistencia firme y activa.

2c. Debemos mirar continuamente a Jesús, que es el Autor y Consumador de nuestra fe (llevándola a la madurez y la perfección).

2d. Cuando Jesús soportó la vergüenza de la cruz y la oposición de los pecadores, miraba hacia delante al gozo de obtener el premio que estaba delante de Él.

2e. Este pasaje nos llama a mantener nuestro enfoque en Jesús y en el gozo que Él nos promete, a fin de no cansarnos o agotarnos, perder ánimo o relajarnos y desmayar en nuestra mente.

3a. Este pasaje dice que el obtener sabiduría es mejor que el obtener plata, y que el beneficio de la sabiduría es mejor que el del oro fino.

3b. Este pasaje dice que la sabiduría es más preciosa que los rubíes.

3c. En la persona que busca y obtiene entendimiento de la Palabra de Dios, la sabiduría produce largura de días, riquezas y honor, paz y caminos agradables.

4a. Después de que Jesús fuera crucificado y resucitara, Pedro, Tomás, Natanael, los hijos de Zebedeo (Santiago y Juan) y otros dos discípulos decidieron salir a pescar.

4b. Cuando estaba en la orilla, Jesús llamó a los discípulos y les preguntó: "Hijitos, ¿teneis algo de comer?".

4c. Los discípulos respondieron: "No".

4d. Jesús les dijo: "Echad la red a la derecha de la barca, y hallaréis".

4e. Cuando los discípulos hicieron lo que Jesús les dijo que hicieran, pescaron una cantidad tan grande de peces que no podían mantener la red dentro de la barca.

5. Las primeras palabras de Dios para la humanidad que estaban llenas de la promesa de bendición fueron: "Fructificad y multiplicaos; llenad la tierra, y sojuzgadla, y señoread en los peces del mar, en las aves de los cielos, y en todas las bestias que se mueven sobre la tierra".

6a. En Juan 14:15 Jesús dijo que realmente le amamos, guardaremos (obedeceremos) sus mandamientos.

6b. En Juan 21:15-18 Jesús preguntó a Simón Pedro tres veces: "¿Me amas?".

6c. En Juan 21:15-18 Simón Pedro respondió a Jesús tres veces: "Sí, Señor, tú sabes que te amo".

6d. Jesús le dijo a Simón Pedro que apacentara sus ovejas y que pastoreara sus ovejas.

6e. En el versículo 18 Jesús le dijo a Pedro el sacrificio que haría por obedecer los mandamientos de Jesús: "Cuando eras más joven, te ceñías, e ibas a donde querías; mas cuando ya seas viejo, extenderás tus manos, y te ceñirá otro, y te llevará a donde no quieras".

7a. Debemos armarnos con el pensamiento y el propósito de sufrir con paciencia en lugar de no agradar a Dios.

7b. La persona que está dispuesta a sufrir—si eso significa que agrada a Dios—pasa el resto de su vida natural no buscando gratificar sus propios apetitos y deseos humanos, sino que vive solo para agradar a Dios y para hacer lo que Dios desee.

8. Saulo le preguntó a Jesús: "¿Qué quieres que yo haga?".

9. Según este pasaje, Juan testificó y declaró que sus visiones eran sobre la Palabra de Dios y el testimonio de Jesucristo.

10. Jesús dijo que debemos retener la semilla de la Palabra de Dios plantada en nuestras vidas "... con corazón bueno y recto retienen la palabra oída, y dan fruto con perseverancia".

11a. Dios nos da paz que sobrepasa todo entendimiento.

11b. La paz de Dios actúa como guarda sobre nuestros corazones y mentes.

12. La paz que se nos ha dado mediante Cristo debe gobernar en nuestros corazones.

13a. Debemos procurar vivir en paz con todos.

13b. Debemos perseguir la consagración y la santidad.

14. Lo primero que tenemos que conocer cuando estamos quietos en la presencia de Dios es que Él es Dios, y que Él será exaltado en la tierra y entre todas las naciones.

15a. En este pasaje Dios *no* habló a Elías en acontecimientos naturales de viento, terremoto o fuego.

15b. Dios *sí* habló a Elías en el sonido de una tranquila quietud y en una voz suave y apacible.

16. Jesús nos dijo: "Mas tú, cuando ores, entra en tu aposento, y cerrada la puerta, ora a tu Padre que está en secreto; y tu Padre que ve en lo secreto te recompensará en público".

17a. En el versículo 20 se nos dice que aún en la adversidad y en la aflicción nuestros ojos contemplarán constantemente a nuestro Maestro.

17b. El versículo 21 dice que oiremos a nuestro Maestro decirnos: "Este es el camino; andad por él".

17c. Entonces conoceremos el plan de Dios cuando tomemos decisiones.

18a. Como consecuencia de su poder que obra en nosotros, el Señor puede llevar a cabo su propósito para nuestra vida y hacer todas las cosas mucho más abundantemente de lo que pedimos o entendemos.

18b. El poder de Dios que obra en nosotros permite al Señor moverse infinitamente por encima de nuestras mayores oraciones, deseos, pensamientos, esperanzas o sueños.

19. En este versículo el Señor promete que Él no nos fallará ni nos dejará sin apoyo. Él no nos dejará indefensos, no nos abandonará, nos decepcionará ni relajará el modo en que nos tiene agarrados.

20a. Basado en el versículo 17, el reino de Dios es justicia, paz y gozo en el Espíritu Santo.

20b. Según el versículo 18, Dios considera a la persona que vive en justicia, paz y gozo como aceptable y agradable a Él y aprobada por los hombres.

Acerca de la autora

JOYCE MEYER ha venido enseñando la Palabra de Dios desde 1976 y en ministerio a tiempo completo desde 1980. Es autora de más de 54 libros, entre ellos *Controlando sus emociones, El desarrollo de un líder, La batalla es del Señor, Conozca a Dios íntimamente, No se afane por nada y Adicción a la aprobación*. Ha grabado más de 220 álbumes de audio casetes y más de 90 videos. El programa radial y televisivo de "Disfrutando la vida diaria" se transmite a través del mundo. Ella viaja extensamente para compartir el mensaje de Dios en sus conferencias. Joyce y su esposo, Dave, han estado casados por más de 33 años, tienen cuatro hijos y viven en Missouri. Los cuatro están casados y tanto ellos como sus cónyuges trabajan junto a Dave y Joyce en el ministerio.

PARA LOCALIZAR A LA AUTORA EN LOS ESTADOS UNIDOS:

Joyce Meyer Ministries
P.O. Box 655
Fenton, Missouri 63026

Tel: (636) 349-0303

www.joycemeyer.org

Favor de incluir su testimonio o la ayuda recibida a través de este libro cuando nos escriba. Sus peticiones de oración son bienvenidas.

EN CANADÁ:

Joyce Meyer Ministries Canada, Inc.
Lambeth Box 1300
London, ON N6P 1T5

Tel: (636) 349.0303

EN AUSTRALIA:

Joyce Meyer Ministries-Australia
Locked Bag 77
Mansfield Delivery Centre
Queensland 4122

Tel: (07) 3349 1200

EN INGLATERRA:

Joyce Meyer Ministries
P.O. Box 1549
Windsor SL4 1GT

Tel: 0 1753-831102